# 走向大众

## 近代中国外交知识的传播与重构

赫佳妮 —————— 著

上海人民出版社

本书获北京大学国际关系学院出版基金资助

# 序一

## 探索外交学中国特色之源

国人对外交，或者笼统地说对中国与外部世界关系的普遍关注、关心和关切，恐怕是世界其他国家大众所不及。尽管大众参与外交的途径有限，却对外交有众多的观点和期待。如曾有人批评中国外交“缺钙”或“太软弱”，更多的人则赞叹积极有为的中国外交所取得的辉煌成就；有人提出要提高中国外交的能力建设，也有人认为只要实力足够强大，中国面临的许多外交问题都可以迎刃而解……如此多元甚至相悖的观点，是中国社会多元化的一个缩影，也是中国社会进步的一个显现，每一种观点都有其历史逻辑和理论依据。

为什么国人如此关注和关心外交，并有如此丰富和多样的观点？其背后的逻辑是什么？这些是以外交学为志业者应进行学理探讨的议题。赫佳妮博士在从事外交学教学和研究的过程中，独辟蹊径，广泛阅读民国时期关于外交学的大众读物，揭示学界精英在引进外交学知识时，考虑的对象首先是中国大众，她称为“走向大众”，并以此为书名，请我作序，我欣然接受，以示支持和祝贺。

本书提出，民国时期的学界精英在向大众普及外交知识时，并非简单的译介，而是对外交学知识系统进行修饰和重构。大众对外交学知识的理解和接受，也受其自身特点的影响。这个互动过程塑造了中国外交学学理知识的内涵，形成了国人对外交学理论认识的中国特色。这本书带给外交研究者、实践者及爱好者很多的启发，有不少值得称赞的观点。

第一，本书通过探讨外交学知识中国化的过程，揭示当代中国外交学理论知识的来源、启蒙和本土特点的形成过程。外交是人类社会最古老的实践活动，伴人类社会的产生而产生，随人类社会的进步而不断演变。今天人们所研究和践行的外交形态产生于文艺复兴后期的意大利，被法国继承和发扬光大后，在威斯特伐利亚体系形成后扩展到整个欧洲，随着国际社会的扩展而被其他地区所接受。1917年萨道义《外交实践指南》[1]的出版被认为是外交学作为一个学科诞生的标志。[2]外交学在成为一个学科不久就被介绍和引进到中国。《走向大众》所使用的大量材料表明，从北洋政府到国民政府，外交一直是国人，特别是精英最为关注的议题之一。当时知识界出版了不少外交学教材、专著，创建了很多外交学的专业期刊，甚至在一些生活类期刊也发表了大量关于国际时政的评论。这个时期的成果多使用外交学、国际问题或国际法等概念，却很少使用当今流行的国际关系的概念。本书梳理和分析这个时期关于中国外交的丰富文献告诉读者，作为一个学科的外交学理论知识从哪里来，如何传入并在中国本土扎根、实现本土化。这个过程与当时中国所处的国际环境紧密相连，形成了中国外交学理念的很多特点，其影响至今不衰。

第二，正如《走向大众》的书名所示，“大众化”是外交知识传入中国后最为显著和重要的特点。本书超越了对北洋以及民国政府是如何认识、理解和实践外交的讨论，聚焦精英向大众传播和普及的外交学基本知识，以及大众对外交的理解，分析它们为中国的外交学和外交实践打上的历史烙印。早在1876年，联芳、庆常等将德国外交学者查尔斯·德·马顿斯（Charles de Martens）的《外交指南（*Guide Diplomatique*）》翻译成《星轺指掌》出版，是中国第一本介绍有关外交机构、制度知识的译著。[3]“星轺”即使节，“指掌”即指南，也就是使节的行动手册，旨在服务清政府接受国际外交实践、派出使节的需要，因为外交在本质上仍然是精英的业务。“秘密外交”“贵族外交”“宫廷外交”是外交的传统形式，当代外交也强调外交是“主权国家”的行

为。民国时期，只有在学力和财力背景上有充足准备，完成扎实的专业学习和职业培养，并通过严格复杂遴选程序的精英才有机会进入外交官的职业行列。即便如此，民国时期外交学的显著特点是本书标题所表明的“走向大众”。这与第一次世界大战结束后，秘密外交广受诟病、公开外交兴起密不可分。美国总统威尔逊和苏维埃社会主义共和国的缔造者列宁都提出了“公开外交”或“人民外交”的倡议，其核心是“公开协议公开达成”。如果没有这个背景，巴黎和会的谈判内容不会在会议尚未结束就传到中国，并引发了五四运动。正是在外交从秘密走向公开的国际背景下，外交知识开始被大规模地介绍到中国，这个过程赋予了中国外交“大众化”的特点。人人都有外交知识，或者说人人都关心外交并不意味着人人都可以参与外交实践。正如本书所揭示的，“大众化”与“专业化”互相成就和互相矛盾的关系是外交学知识在中国本土化过程中最显著的特色。

第三，精英将外交知识普及给大众时，根据历史和当时的国际背景，按照自己的理解，对其进行有目的地重构，推动了外交知识的本土化。正如作者所说，在这个过程中形成的大众化的外交知识带有鲜明的时代印记和民族特色，包括外交的胜负观、革命性以及将外交与国家实力紧密联系起来的习惯思维等。

外交的胜负观与外交本质背道而驰，却是外交在中国大众化过程中形成的外交知识的主要特点。外交被称为是谈判的艺术，又被称为是妥协的艺术。外交学学科的开创者之一尼科尔松曾高度称赞外交谈判的鼻祖弗朗索瓦·德·卡利埃（François de Callières）关于外交谈判的观点。卡利埃认为，“外交胜利”是一个永远不能用的词，因为外交是一个连续谈判的过程，表面的外交胜利留下的是屈辱感以及由此产生的复仇心态，任何好的谈判者在任何时候不能通过威胁、霸凌和嘲讽对方来谋求外交的胜利。[4]

但是，由于中国近代对外关系是一部“屈辱”史，在这个环境下成长起来的精英多把中国对外关系描述为“失败史”或“痛史”。精英在介绍和普及外交知识时，也把外交看作改变中国命运的工具和途径，把能否“克敌制胜”作为衡量外交优劣的标准。书中犀利地指出，这种“通过胜负与对抗的框架来概括错综复杂的外交过程”，“以鲜明的结果评价取代复杂的过程分析、以简明的胜败之论取代内容多面的谈判”，让大众可以以胜败对外交品头论足，也就有了关于外交的多样表达。

正如作者所说，外交知识走向大众的时代背景也赋予外交知识革命性的特征。近代以来，面对西方列强的炮舰政策和一次次侵略战争，中国人历经太平天国、洋务运动、戊戌变法，最终被迫选择革命的方式推翻了清政府。革命是中国人民的最终选择，也是从20世纪20年代开始的相当一段时间中国政治和对外关系的主旋律。通过革命“改造世界”、实现解放，扭转中国在国际上遭受压迫的境遇、救亡图存是中国外交的主题之一。共产党和国民党在不同意识形态指导下都主张通过革命改变中国现状，革命宣传和动员“为外交知识提供了充沛的情感动力”，在这样的背景下引入的外交知识也就被赋予了革命的特点。

以“胜利”和“失败”评价外交以及从革命的视角来认识外交，也就很自然地把国家实力，特别是军事实力与外交联系起来，使人从国家的“强”或“弱”来理解外交的成败和优劣。“弱国无外交”的说法正是在这样的背景下产生的。正如《走向大众》揭示的那样，这一理念产生之初就遭到了精英的质疑，不少学者还运用历史证据和学术理论说明其局限性。但是，至今，这仍然是大众最容易与外交联系起来的一个理念。这种把外交的失败看作实力不够，甚至认为有了实力，外交就自然能够成功的错误理解根深蒂固地烙在了国人对外交的认识中，其惯性一直延续到今天。这种理解忽视了关于外交的所有概念都不包括实力这个要素的事实，在中国已经崛起的背景下尤其值得警惕。

第四，精英将外交知识介绍给“大众”时也寄托了对大众在外交中的作用、地位和角色的认识和期待。在中外关系开始之初，皇帝不愿与夷人打交道，官员又把与洋人打交道的外交当作危途，最初直接与洋人交往的就是普通大众。在中外关系发展的过程中，基层与洋人的纠纷曾

是不少官方交往的导火索，继而引发的大众抵抗、游行、示威等集体行动也是中外关系中的主要内容。精英在向大众介绍和普及外交知识时，对大众在外交中价值的有一种潜在认识，那就是培养民众外交能力，并在此基础上探讨如何一方面通过宣传、动员和依靠大众参与来提升外交能力，另一方面鼓励国民监督政府的对外政策和外交。这是当时“国民外交”的基本要求和主要内容。

本书提出，大众参与外交固然重要，但是精英认识到民众的激情是一把双刃剑，认识到在凝聚民意的同时也有可能使情绪过度高涨而失控，因而不断警惕滥用国民外交以及“运动”过多可能带来的威胁。他们将外交知识普及与国民教育紧密结合起来，一方面激发民众的爱国热情、调动其参与国民外交实践的积极性；另一方面不断强调培养大众的组织纪律意识和服从精神的重要性，教育大众接受“理智的训练”以避免在参与外交活动中有“流为越轨的行动”。在外交公开化和大众广泛参与的背景下，这是一个主要议题，也是人民外交的两面性的必然要求。

《走向大众》关于大众在外交中角色的讨论不仅对于当时极具新意，至今仍有现实意义。民国初期的精英在宣介外交知识时将其与公民教育结合起来，“强调个体不仅从属于国家，更是世界和人类中的一员，服务于世界和人类的福祉”。其提出的“国家间关系的维持应与个人交往相同”，强调“以人与人之间的关系比拟国家之间的关系”，主张应该抛弃“狭义的爱国主义”，教育国民注意“国际道德规范”，避免因为“缺乏外交常识”的行为，而受“文明各国所轻贱”等内容，不仅在思想上超越了晚清民初修身课程只关注臣民或公民自身素质精英的境界，与当今外交学研究中的“日常生活中的外交”(everyday diplomacy)具有同样的道理，但站位更高，是全球化时代外交学理教育中应该却没有受到重视的内容。

第五，本书探讨了外交与国际关系之间的复杂关系在中国形成的历史根源。外交学在进入中国初期时被看作国际法的一部分，因为外交就是根据国际法的基本原则处理国家之间的关系。萨道义的《外交实践指南》是应有“当代国际法先驱”之称的国际法学家拉萨·奥本海姆（Lassa F. L. Oppenheim）教授的邀请为一个法学丛书而写的，奥本海姆为该书撰写了开篇的介绍。[5]萨道义自己也指出这本书的对象和读者是“国际法律师、外交家和国际史的研究者”。正如本书所揭示的，民国时期出版的不少外交学教材和专著都阐述外交学与国际法之间密不可分的关系。民国精英在向大众介绍外交学知识的时候，突出了外交的法律特点，通过向民众介绍有关条约、“不平等条约”、外交特权、外侨以及舰船权利等一系列国际法知识，希望能为民众的行为提供法律层面的规范性约束。

中国接受基于西方外交实践基础形成的外交理念，包括作为外交行为体的主权国家、民族主义和国际法等核心理念的过程，是西方列强以炮舰打开中国国门后强加给中国的过程。这是近代中国在融入国际社会的过程中失败的一种表现，也是失败的结果。外交学进入中国的背景体现了弱肉强食的现实，这是大众对外交的理解中以“胜”“败”定义其结果，并将其与“实力”和革命联系起来的原因之一。正如书中所说，中国引进西方外交概念与规范同反抗殖民主义和帝国主义是两条并行的线索，这反映的是“文明世界”树立的外交规范与强权丛林之中国家间政治现实之间的矛盾。

《走向大众》让读者了解国人关于外交学理论的认识从哪里来，帮助我们理解今天大众关于外交的很多看法和许多外交现象的历史渊源。尽管当今的中国外交已今非昔比，大众也表现出了更多的自信，但很多情况下，大众对外交的认识和反应以及参与外交实践的方式，与民国初期外交知识在走向大众的过程中所形成认识和行为方式并无本质上的差异。比如，随着外交的繁荣，一方面外交仍然被认为是国家主权的象征，外交无小事，外交是国家意志的表现等观念让外交的神秘色彩不减。另一方面，举凡与国际交往有关的任何事情都被认为是外交，产生了形式多样的外交。外交的神秘性和泛化是外交精英化与大众化在新时代的一种另类表现。

在普及外交知识的过程中，民国精英对大众参与外交的程度和方式的引导在当代也不让人感到陌生。在当代外交实践中，既有曾习惯于动员数十万乃至百万人聚会示威，反抗帝国主义的侵略或表达对某个国家的支持，也有对大众过度和没有组织纪律的参与外交，如对20世纪60年代爆发的“三砸一烧”的批评和纠正。这说明在外交实践上对大众进行教育和约束是一个永恒的议题。一个直接表现是，当代外交的实践者、研究者，包括普通大众在参与外交活动时都小心谨慎，尽力在积极参与和避免踩到红线之间寻求平衡。

事实上，外交的规范性和国际政治的现实之间的纠结至今也没有厘清，反而更加糊涂了。如在国际上，我们一方面主张大小国家一律平等，反对以大欺小，以强凌弱，但另一方面则是强调大国外交，实际上反映了国人关于外交学和国际政治的两种不同的逻辑。前者是外交学的逻辑，也是国际法的逻辑，类似于法律面前人人平等；后者则是国际关系或权力政治的逻辑，体现的是“强者可以为所欲为”，“弱者只能为其能为”。正如本书指出的，法律逻辑与力量逻辑是外交实践和国际政治现实中的不同逻辑，这种逻辑的张力肇始于外交知识进入中国之初。

在本书付梓之际，借作者的语言和版面，唠叨自己对外交学学科建设和对外交学研究的一些认识和看法。当今中国外交日益活跃，引发国内外的广泛关注，但外交学研究却越来越被边缘化，对象越来越模糊，已经成为国际关系一部分，并在理念上更加依附于国际关系。在这样的背景下，本书审视外交学的学科发展历史，不仅在学理上有助于提高外交学学科的专业化程度，明确外交学的学科身份，在实践上也有益于为中国外交创造健康和理性的国内舆论环境，其学术贡献和实践价值是持久扎实的，并将日益凸显。

张清敏<br>北京大学国际关系学院外交学系教授兼系主任<br>2025年7月24日

## 注释

1. 萨道义的《外交实践指南》1917年首版，至2017年出版过7个版本，前两个版本的作者是萨道义本人（Ernest Satow, *A Guide to Diplomatic Practice*, London: Longmans Green and Co, 1917, 1922）。1929年萨道义去世后，由转入学术研究的前英国资深外交官里奇（H. Ritchie）修订出版了第三版（Sir Ernest Satow, revised by H. Ritchie, *A Guide to Diplomatic Practice* 3rd ed. London: Longmans, Green & Co., 1932），第四版由前外交官尼维斯・布兰德修订出版（Ernest Satow, edited by Nevile Bland, *Satow's Guide to Diplomatic Practice*, 4th ed. London: Longmans, Green & Co., 1957），第五版由戈尔・布思修订出版（Gore-Booth ed. *Satow's Guide to Diplomatic Practice 5th edition*, London: Longman 1979），第六版和第七版都由前外交官艾弗・罗伯茨主编（Ivor Roberts ed., *Satow's Diplomatic Practice*，Oxford: Oxford University Press, 6th ed. 2009，7th ed. 2017）。其中1957年出版的第四版和1979年出版的第5版分别被翻译成中文。见萨道义：《外交实践指南》，中国人民外交学会编译室译，北京：世界知识出版社1959年版，［英］戈尔・布思主编：《萨道义外交实践指南》，上海：上海译文出版社1984年版。

2. 杨振先：《外交学原理》，北京：商务印书馆1935年版，第1页。

3. ［德］马顿斯：《星招指掌》(*Guide diplomatique, precis de droits et des fonctions de agents dilomatique*)，联芳，庆常译，1876年初版，北京：中国政法大学出版社2006年版。

4. Harold Nicolson, *Evolution of Diplomatic Method*, London: Constable, 1954, pp. 36, 63.

5. Ernest Satow, *A Guide to Diplomatic Practice*, London: Longmans Green and Co., 1917, pp.v—vi.

# 序二

赫佳妮是一位极具才华的学者。她在北京大学完成本科和硕士学业后，赴剑桥大学攻读博士学位。在她求学剑桥期间，我有幸担任她的导师。她以卓越的学术创造力、充沛的精力和严谨的治学态度，在众多学生中脱颖而出。为了完成博士论文 From Empire to Nation: The Politics of Language in Manchuria（1890—1911），她必须掌握满文。大多数学生在遇到这样的挑战时，可能会转向其他课题，但她选择了迎难而上，在短时间内攻克了这门语言。以她的才华与韧性，取得这样的成就并不让我意外。她博士毕业后，旋即在北京大学享有盛誉的国际关系学院获得了教职。在那里，她迅速成长为一位深受欢迎的教师、出色的同事，以及崭露头角的青年学者。

她在博士研究基础上的第一部学术专著 *Ruling the Mongols of Manchuria: Language, Literacy, and Power in Late Qing Borderlands* 已由阿姆斯特丹大学出版社出版。这是一项敏锐、深刻且资料翔实的研究，置身于晚清东北边疆满、蒙、汉、日、俄多方力量交汇的历史图景中，探讨语言、文字与治理之间的复杂关系。她揭示了在边疆文化多样性与政治一体化的张力之中，清朝传统的多语文制度如何在与来自西方的国语构建、提升识字率以及现代国家治理等理念的磨合中，不断调整、适应与重塑。她不仅关注自上而下的制度设计和政策推动，更着力呈现地方社会及各类人群如何对政策进行回应、挑战与再造。她的研究以一种全新的方式，将语言文字、社会结构、政治与思想结合起来，重新审视了晚清历史。

佳妮的这部新作是在其坚实的研究基础上的进一步开拓。两部著作的核心主题是相通的：西方关于语言、身份与治理的理念在中国的本土化；国家与社会关系的演变；中国走向现代国家的转型历程；以及“政治性公共群体”的兴起。在《走向大众》中，她探讨了西方外交理念如何在中国扎根，国家、政党与新兴的政治性公共群体之间究竟存在怎样的互动关系，中国人的身份认同如何演变，国家改革成败的关键何在等一系列重要问题。本书延续其博士研究的扎实风格，同样取材广泛，从官方档案到大众教科书、报刊文章乃至个人文稿，皆有深入利用，其史料基础坚实有力。

凸显《走向大众》的独创性与重要价值最有力的切入点，就是它对国际关系研究领域的现实主义范式提出了挑战。这一长期在美国占据主导地位的范式认为，国际体系处于无政府状态，国家作为主要理性行为体，其互动本质是追求权力与安全的最大化，研究焦点长期集中于大国政治。近年来，这一范式受到有力挑战。新兴研究不仅拓宽视野关注大国之外的国家行为体，也重视那些参与塑造国际关系的多元的非国家行为体；强调制度安排、经济相互依存关系及文化观念等因素的关键作用。这揭示了权力与国家并非先验的、固定不变的存在，而是历史的、动态的社会文化建构过程的产物。

佳妮显然属于新一代学者。《走向大众》揭示了西方外交理念并非单向地由西方移植到中国，而是在这一过程中发生了转变。正如在欧洲和美国一样，自19世纪末以来，外交从少数精英的专属事务，逐渐演变为涉及更广泛公众的活动。她生动地展示了政府如何通过教科书、报纸与杂志塑造并引导公众对外交的理解，同时这些公众也在反过来影响着正式的国家外交。在这一互动过程中，关于中国、关于中国在世界中的位置、关于何为“中国人”的新叙事不断涌现。如果说欧洲外交强调谈判与妥协，那么在中国，外交则被重新定义，用以服务于国家对外抗争、推动反殖民事业，以及实现民族转型。她的新书所体现的正是这样的学

术信念：立场与语境至关重要，唯一不变的是变化本身，世间并无放之四海而皆准的简单定律——这是我对此书最为欣赏之处。

在一个学者的学术生涯中，第二本著作的问世是一个里程碑。第一本著作往往是获得学术职位的必要条件，而第二本著作的意义则更为不同。我常将导师与学生的关系，比作往昔师傅与学徒的关系。学徒在师傅的指导下，通过实践学习技艺；学徒期的结束，意味着他完成了一件虽带有师傅印记，但足以证明其掌握技艺的作品。而在学术界，真正体现学者独立能力和品味的，是第二本著作。此刻呈现在您面前的这本书，正是佳妮学术生涯展翅高飞的明证。

方德万

Hans van de Ven, FBA

剑桥大学副校长、亚洲与中东研究院教授

北京大学历史学系客座讲席教授

2025 年 8 月 12 日

# 前言

20世纪上半叶，起源于欧洲的现代外交概念如何在中国本土社会现实中走向普罗大众？同时，这一过程如何修饰并重构了外交？这是本书探讨的核心问题。

这一具体问题的背后有三个更深层次的思考。其一，一战之后，公开外交成为全球潮流，传统的精英秘密外交不再被信任。从欧洲至东亚社会，诸多国家都以自己的方式推进国内的外交民主化进程。但是，这为外交实践带来了一个问题，即如何处理外交的专业化和大众化之间的复杂关系。精英与大众群体在思维方式以及行动逻辑上的矛盾是显而易见的，这一点也早为诸多政治学、社会学、心理学等研究证明。尽管大众在外交问题上的影响不容忽视，但是一线外交官的工作仍然是职业化的、技术化的。二者如何在矛盾的关系中既相互竞争、又彼此协调和适应，构成了现代外交的一个核心命题。

其二，大多有关现代外交在中国诞生历史的研究追溯至晚清民国知识界对萨道义、惠顿、尼科尔松等欧美精英外交官和学者的外交学及国际法著作的译介。然而，诞生于欧洲社会的现代外交概念与19、20世纪的中国社会及其他非西方社会的现实并非天然一致。欧洲现代外交概念中对外交官智慧与技巧、和平谈判的手段及国际法的强调，是在欧洲社会的战争与和平历史中缔造的。20世纪上半叶的中国在走向国际社会时，始终面临着国际政治现实中弱肉强食的力量逻辑与文明国家遵守国际法的法律逻辑之间的争斗。中国对欧洲以及广义而言的西方社会的情感是矛盾复杂的。它们既是中国想要学习的对象，也被中国视为帝国主义危险的来源；它们既在两次世界大战中作为中国的盟友，也是中国在战争与革命中要反抗的敌人。所以，中国始终面临着如何在本土战争与革命的社会现实中接受来自欧洲的现代外交概念的难题。

其三，尽管从外交学研究的理论视角而言，"外交"应该有一个统一的、规范的概念，抑或说从古至今的诸多学者致力于提出一个能够在各种情形下广为适用的、标准的外交概念，但是各国实践却各有其鲜明的特色。中国外交实践与话语也不外如是，强硬的表达、激烈的情感、民族主义呼声都是其中极具代表性的要素。那么，什么因素造就了各国对"外交"的多样化表达？这一现象的历史根源是什么？本书跳脱对外政策、外交史的解释框架，着眼现代外交概念在中国扎根、扩散的历史，为20世纪以来中国外交实践及叙事呈现的独特面貌提供一个站在"外交的历史"（history of diplomacy）视角的解释。

本书的核心观点是，中国的现代外交概念与实践并非欧洲经典外交理论译介的产物，而是脱胎于20世纪中国内外战争与革命的社会现实对欧洲精英外交技艺与实践进行的大众化、知识化、本土化的改造。在经历了从精英技艺向大众知识的转型之后，中国的"外交"概念、实践与叙事呈现鲜明的军事化、运动化特征，并成为20世纪中国各政权塑造国内社会的话语工具与思想资源。

大众化，意味着外交从一种专业的学科理论、精英的实践、职业化的技能，转化为大众皆可言说并参与的议题。在这一过程中，精英对大众的态度是双重的。他们既意识到大众中蕴藏的巨大力量，打造适应大众的外交话语与叙事，以期调动并利用大众情绪；更坚信大众需要被控制和规训，因此通过多种方式组织约束大众，使其成为可以被利用的力量。

知识化，意味着外交成为在大众之间流行起来的外交知识、生活常识、日常行为规范。20世纪上半叶，日常知识读本、外交常识手册、报刊、各式宣传册、中小学作品、通俗作品等大众读物构成了普通公众了解外交的知识平台。讲述并传播外交知识是发动、规训国民外交运动的重要手段。与此同时，这种在大众之间渐趋流行的外交知识成为国家外交叙事体系中一个重要且独特的部分。

本土化，意味着现代外交概念在中国的诞生深植于中国社会在20世纪历经的内外战争与革命的现实、观念、氛围、话语土壤中。战争与革命的思维、目标、方式、表达、情感全面渗透到了中国现代外交实践与叙事之中，使其有别于强调“和平”“智慧”“技巧”的欧洲传统精英外交。这也深刻影响了当代中国外交话语与实践。

中国的现代外交概念包含了鲜明的军事化、运动化、组织化的特征。它以二元对立的胜败结果和对抗逻辑概括错综复杂的外交过程，使外交以简单明了的面貌走向大众；强调在动员大众激情与组织纪律之间维持平衡；既通过普及国际法知识约束民众的过激行为，也通过批判国际法“无用”培育民众的斗争精神。

经历了大众化、知识化、本土化之后的外交知识或曰外交常识，成为20世纪各政权和政党用以塑造国内社会的知识资源和话语工具。它们以讲述外交之名，向大众描述了一个强权林立的现实世界，中国不仅应该在其中努力抗争、摆脱压迫，而且要善于利用规则寻求国际道义支持，并凭借中国在此过程中取得的成就塑造中国的大国身份；同时，革命政权也由此动员力量，并将其归束于严格的纪律、组织、领导体系之中。外交的内向型价值不仅在于影响具体的国内政策，而且在思想观念与组织行为上规训公民行为、重塑国内社会、稳固政权的统治基础。

本书以大众出版物中有关“外交”的知识生产与传播为基础，揭示精英外交技艺和理论“大众化”“知识化”“本土化”的历史。它有别于经典的外交理论、外交史、政治史、外交思想史、外交人物传记等研究，力图发掘大众的价值，是有关外交学的社会史、文化史和大众历史。

在该视角下讨论精英与大众的关系，从两个层面上发展了外交学与外交史中有关公开外交问题的讨论。其一，大众的参与及对大众的约束不仅在程序意义上发展了一战后公开外交的实践，大众的行动逻辑及其与精英外交实践的冲突和协调更在实质上改变了现代外交概念的内涵。在中国本土社会的土壤中，它不仅是和平的、依靠智慧、利用国际法规则进行谈判，更是以国民集体力量争取外交胜利的过程。其二，在公开外交成为全球潮流后，精英对大众的态度不是处于——否认传统的秘密外交、积极认可大众参与和否定大众的认知水平、怀疑鄙视大众的参与——的两个极端。二者的关系是在竞争和矛盾中协调，外交精英在特定的语境下寻找动员并利用大众力量的方式。

如何处理大众与精英之间的关系与每个国家的国内政治息息相关。不同的国家选择了不同的方式，并形成一整套机制。例如，在公开外交时代，条约签署后，每个国家有自身的条约批准程序，其执行机构的组成及运行方式各不相同。这意味着大众的意见得以通过不同的方式完成表达。在20世纪的中国历史上，革命政党在内外战争与革命环境中对大众力量的组织和动员是中国将大众声音融入外交议题的方式。各国选择不同的方式处理精英与大众的关系最终促使各国形成了自身对什么是外交，或者更准确地说，什么是“正确的”“合法的”“完美的”外交的不同理解。基于此，各个国家最终完成了自身对现代外交概念与实践的本土化叙事和改造。

这一大众化、知识化、本土化过程构成了我们今日研究“全球外交学”（global diplomacy）的基础。现代外交概念从欧洲社会走向全球的过程，不是纯粹以西方为中心的译介，而是一个多样化、多线程的过程。尽管帝国主义扩张时代的西方力量中心通过武力、通商、签订条约以及推广“文明的”“先进的”国际法等方式发起了有关现代外交概念的转移过程，但是概念的扎根仍然是聚焦于各国本土社会内部的事业。

这启发我们重新思考外交与内政的关系。就外交与内政的关系而言，有两个被学界与业界广为接受的论断，即“外交是内政的延伸”和“外交影响国内政策”。它们在国家内外政策的制定与执行层面上解释外交与内政的关系。但是，外交与内政既是不同的政策领域，也相互渗透交叉，特别是在思想观念、话语表达、情感偏好等非政策层面上，二者往往融为一体。一方面，国内政治现实与氛围参与构建了中国本土化的现代外交概念，它直接影响了中国对外交的目标、手段方式、价值追求的定义。事实上，现代外交概念形成与演变的历史就是20世纪中国国内政治变迁的缩影。另一方面，有关外交的知识普及、宣传教育也成为塑造国内社会的重要思想工具和资源，深深嵌入了国内社会的政治变革与思想变革之中。

研究这个问题的想法起源于我在教学中的思考。我从2019年起在北京大学国际关系学院外交学与外事管理系讲授有关中国对外关系历史的课程。在授课过程中，我始终在思考两个问题：第一，在学术理论和实践历史中，究竟什么是“外交”，什么是、或者说是否有“好的外交”，以及什么是“中国外交”的特色及其历史根源；第二，具体的、普通的“人”在国家外交中的角色是什么，国家外交如何影响他们的日常生活和思想观念，反之，他们又如何塑造了国家外交。

“大众”与“外交”本应处于“江湖之远”和“庙堂之上”的两端。但是，近代以来，在国人的日常生活中，“外交”始终是一个严肃但又迷人的话题。它看似遥不可及，但又深深嵌入普罗大众的知识视野之中，几乎无人置身事外。因此，这个研究的最初目的既是回溯外交如何“走向大众”，也是把原本处于“江湖之远”的大众表达与情感带回居于“庙堂之上”的外交研究之中。在外交学与外交史研究中，围绕大众与外交关系的讨论已经取得了很多成果。站在前人的肩膀上，本书希望揭示的不是大众在某一外交事件或某一历史时期中的角色，而是大众如何理解、言说、体验“外交”，进而丰富、充实乃至改造“外交”，由此追寻现代外交概念、实践与叙事在中国起源的最初面目。

这项研究的一些早期思考和初步成果曾经以《外交胜败之争：中国近代“不平等条约”叙事中的〈尼布楚条约〉》(《国际政治研究》2022年第1期)、《战争、革命与中国现代外交叙事的形成——基于20世纪30年代外交知识类图书的考察》(《外交评论》2023年第2期)为题发表。本书第四章《内与外：外交知识的对内趋向》的内容以《个人、国家与世界：近代中国公民教育中的外交知识传播》为题发表于《国际政治研究》2025 年第 3 期，在编入本书时有修改。

本书的完成离不开很多人的支持与帮助。感谢北京大学国际关系学院创造了求真求实、包容开放、严谨扎实的科研氛围和环境。在同学院各位前辈师长和同事的交流与学习中，我不断得到新的启发、拓宽思路、收获支持。感谢外交学系各位老师的启迪、帮助、宽容，为这项研究的开展和本书的写作提供了毫无保留的支持。本书的出版有幸得到北京大学国际关系学院出版基金的资助。在此衷心感谢学院领导的支持与信任。

特别感激在百忙之中为拙著撰序的张清敏老师和方德万老师。同二位老师的交流永远令人愉快并充满启发。我很荣幸曾经作为他们的学生，又成为他们的同事。任何文字不足以表达我对他们给予的支持、信任、帮助的感激。

我也想感谢曾经参与“中华人民共和国对外关系”“中国对外关系史专题研究”“中国政治与外交”等课程的中外学生。教学相长的过程为我反思自己的观点和论证提供了源源不断的动力。

感谢上海人民出版社史美林老师。史老师经验丰富、认真负责、细致耐心的高效工作，使本书得以顺利面世。

最后，特别感谢我的家人。他们无条件地支持为我的研究和写作提供了最温暖坚定的后方。在研究过程中，思想上收获进步的欢愉往往只能独享，而他们则在多数时间内分担了我在科研道路中的艰辛与焦虑。希望本书付梓能为他们带来喜悦与安慰。

现代外交在中国扎根的历程是漫长的。本书远远称不上是对这一问题研究的终点，而是一些浅显思考的起点。我深知个人知识以及笔力的局限，书中一切疏漏概属本人。希望以这本小书抛砖引玉，敬请学界方家指正。

赫佳妮

2025 年 8 月 15 日

# 目　录

# 导言　外交：技艺、学科与大众知识

1932年，一批学人和政要从沦陷的东北转移至北平。他们创办了《外交月报》，旨在“发展国民外交常识，鼓励民众外交兴味，及时讨论外交方案”。[1]该刊《发刊词》写道：“现代外交含着普通化与专门化的矛盾律。前者是要人人都有外交知识；后者是外交家要有科学知识。”[2]

这个概括是极为准确的。20世纪上半叶，“外交”冲破了外交官员和知识精英的堡垒，变成大众普遍关心、皆可言说的话题。但是，“大众化”与“专业化”之间的矛盾是显而易见的，为大众讲述“外交”并不容易。正如《外交日报》的《发刊词》所述，“当代国际机构的复杂，条约的繁多，法理的分歧，并且那外交背景的错综变化，和科学的进步，几乎使一切政治，经济——社会科学乃至自然科学都与外交要发生连锁关系”[3]。对于外交家而言，他们需要在专业院校学习外交、政治、法律等相关学科、在外交实践中积累经验，才能游刃有余地履行外交职责。动荡不安的国际形势以及中外交往日益密切的局面也对外交官的“专业性”提出了更高的要求。但对于普通公众而言，则并非如此。他们迫切希望并且需要了解“外交”，却不具备多年专业学习和实践所要求的知识基础、财力、精力。所以，外交精英需要公众，但又质疑公众。在外交走向公众后，“大众化”与“专业化”之间的矛盾是中国也是世界各国外交界面临的共同难题。

在20世纪上半叶的中国，起源于欧洲的现代外交概念如何由精英走向大众？这一过程又如何修饰并重构了外交？这是本书要探讨的核心问题。日常知识读本、外交常识手册、报刊、各式宣传册、中小学作品、通俗作品等大众读物构成了普通公众了解外交的知识平台。本书从这些大众出版物中有关“外交”的知识生产与传播出发，揭示外交技艺和理论“大众化”的历史。有别于经典的外交理论、外交史、对外政策分析、外交思想史、外交人物传记等研究，本书力图发掘大众的价值，讨论大众学习外交知识的视角，及其对外交概念与实践的重塑，是有关外交学的社会史、文化史和大众历史。外交知识面向大众的传播也是外交学在中国社会扎根的过程。外交在中国“本土化”的过程也揭示了全球外交学的起源与发展。

## 一、外交：专业知识和职业技艺的堡垒

外交是一门古老的、由特定群体掌握的专业化和职业化的技艺。在现代主权国家的实体和观念诞生之前，各政权、宗教、团体之间就已经依靠使节实现沟通和往来。在中东地区，考古学家在伊拉克古城废墟中找到了公元前2500年用楔形文字书写的有关王室“信使”活动的记载。此后的几个世纪里，在萨尔贡王朝、阿马尔那时代、新亚述帝国等政权的统治下，王室之间通过派出使节、交换信函、礼赠宴请等方式交往。在此过程中，他们形成了固定的礼节，建立了专门机构管理使节接待事务，并细化了使节的等级。他们有特定的外交通用语言，从最初的阿卡德语转变为古亚述语，而后又为阿拉姆语所取代。[4]

在欧洲，古希腊、罗马帝国、拜占庭帝国都形成了自己独特的使节交往方式。拜占庭帝国甚至建立了庞大的使节和翻译网络。[5]在中世纪欧洲，罗马教廷大使、使节、代理人穿梭于国王、教皇、达官显贵等团体之间。拜占庭帝国瓦解后，威尼斯、阿拉贡、加泰罗尼亚、热那亚继续向伊斯兰世界派出使节。在贸易往来、保护商人、寻求同盟、王室联姻、解决冲突等具体业务领域，这些使节通过谈判、调停、裁决等一系

列途径，用其特定的通用语言在不同团体之间达成协定。在此基础上，欧洲的常驻使节制度逐渐形成。[6]

从15世纪至19世纪，欧洲社会在战争与战后协调中迎来了外交实践的高潮。随着主权国家的观念和实体逐步成为现实，欧洲国家形成了一系列成熟的外交制度和传统，包括建立常驻使节制度、设置正式的外交机构、培养职业外交官员、国际法逐渐成型、以及通过国际会议解决争端、结束战争、重建秩序等。

在外交实践的基础上，欧洲的外交官、国际法学者和外交学者总结何谓“外交”。其中，最为当代外交学界和国际关系学界熟知的是萨道义（Ernest Mason Satow）和尼科尔森（Harold Nicolson）的定义。前者认为外交是“运用智力和机智”，“以和平手段处理国与国之间的事务”。[7]后者建议采用《牛津英语词典》对外交的定义，即“外交就是用谈判的方式来处理国际关系；是大使和使节用来调整和处理国际关系的方法；是外交官的业务或技术”[8]。他们的定义突出了外交实践的和平性和以“谈判”作为基本方式的特点，特别强调使节的“技巧”和“智慧”。事实上，在18、19世纪，费迪南·科尔诺·德·屈西（Ferdinand Cornot de Cussy）、特奥多尔·安东·海因里希·施马尔茨（Theodor Anton Heinrich Schmalz）、保罗·福希耶（Paul Fauchille）等诸多欧洲外交官、国际法学者对“外交”的定义都强调外交官应具备运用智谋和恰当手段的知识、技术和经验。概言之，现代外交的定义中凸显了外交的知识性、技术性、科学性。[9]

若追溯“外交”一词的西文词源和古意，不难发现其中对一种特殊的、专门的交往载体和方式的强调。英文Diplomacy一词来自Diploma，更早则来自希腊文δίπλωμα，意为“郑重叠折之纸”，后来意为君主颁发的，载有各项赋予特权、豁免权的公文。之后，德国哲学家莱布尼茨（Gottfried Wilhelm Leibniz）在1693年出版的*Codex Juris Gentium Diplomaticus*（可译为《外交万国法法典》）中所使用的Diplomaticus一词，和法国学者让·迪蒙（Jean Dumont）在1726年写作的*Corps*

*Universel Diplomatique du Droit des Gens*（可译为《万国公法外交全书》）中所用的 Diplomatique 一词都包括宫廷外交中所有的公文重典的含义。直至 1796 年，英国政治家埃德蒙·伯克（Edmund Burke）才正式使用 Diplomacy 一词，成为“外交”一词的起源。[10]

因此，从古代王朝、宫廷、教廷的外交到以主权国家为基础的现代外交，它都是一种只由少数群体参与的实践。然而，随着国家间交往增多，特别是 19 世纪中期以来外交使节管理制度的改革以及外交官考试制度的完善，外交不再只是达官显贵的专利，在欧洲，更多的中产阶级得以进入外交部门。[11] 尽管外交官的人员构成更加多元，但他们仍然构成了一个职业化的专业队伍。在欧洲诸国参加外交官考试，除了试以专业科目外，对报考人员的年龄、资产、出身、学历等方面都有严格的资格审查。正如杨振先所说：“决非常人所能投考。”[12] 外交官需要掌握特定的沟通语言、文书、技巧、礼仪等一系列专门知识。同时，外交官机敏应变、谦逊近人的个人魅力则为最大限度发挥上述专业知识和技能锦上添花。这都意味着既未接受相关训练，也未曾在外交环境中浸淫的普罗大众无法踏入外交官的行列。从这个意义上而言，似乎这时的外交必然是“秘密”的。

在中国历史上，以“外交”的方式处理国家、政权之间的关系和事务古已有之。但是，外交的技艺同样并不普及。一方面，如果将外交的历史上溯至春秋战国时期，“行人”“游士”和“纵横家”是诸侯之间掌握并传递信息、熟稔沟通和说服技巧的独特群体。例如，晏婴能“不出樽俎之间，而折冲于千里之外”、战国时期苏秦的“合纵”之策、张仪的“连横”之举，以及范雎远交近攻的方略等，都享有后世外交学家的赞誉。[13] 另一方面，即便在士大夫之间，外交的技艺也并非广受欢迎。《礼记》中云为人臣者无外交，不敢贰君也。在中国帝制历史上，各王朝也将“人臣无外交”的原则奉为圭臬，将其视为规范并检验臣子是否忠诚事君的重要标准。精通外语、了解外部世界、游刃有余地交流——这些并不是被君主信任和看重的才华，而是危险甚或通敌的信号。[14]

直至19世纪下半叶，这一观念才发生转变。一批有关欧洲外交实践、制度和思想的作品被译为中文，将欧洲的现代外交概念介绍至中国。1864年，同文馆总教习丁韪良（William A.P. Martin）将美国人惠顿（Henry Wheaton）所著的 *Elements of International Law* 译为中文，以《万国公法》为题名出版。1876年，德裔学者马顿斯（Charles de Martens）用法文所著的《星轺指掌》（*Manuel Diplomatique*）由同文馆学生翻译为中文、丁韪良校对定稿，供驻外使节阅读参考，被视为第一部系统将当时西方外交制度介绍到中国的著作。20世纪初，萨道义的《外交实践指南》、尼科尔森的《外交学》也先后被译为中文出版流通。学界多将中国现代外交学研究的起源追溯至此。[15]

这些著作经过中文翻译后成为中国外交实践的指南法则，也是学者研究仿照的模版。中国在设立总理衙门、参与条约谈判等具体实践中学习运用西方国际法与外交规则处理同外部世界的关系。[16] 从晚清至民国，在中央政府、高级官员、“外交系”精英和专业学者深入参与设计和改革的实践中，中国现代外交机构、制度、规范、外交官培养模式逐步完善健全。更多高校开设了外交学专业课程，筹备建设外交学系。中国的外交学者也出版了一系列专业著作，如杨振先的《外交学原理》、廖德珍的《外交学概论》、杨熙时的《现代外交学》等。在他们的著作中，介绍并讨论源自欧洲的外交学理论、规范与实践是其中的一个重要部分。这些作品不仅是高等院校外交学专业的教学参考材料、中国培养外交人才的文字指南，而且奠定了20世纪上半叶中国外交学学术讨论的基础。就这个意义而言，中国的现代外交概念仍是在西方职业外交官构建的知识基础上，经过中国知识界和职业外交官的译介、讨论与本土实践而逐步形成的，专业性、技术性、科学性仍然是它最突出的特征。简言之，在“外交”从古至今的发展历史中，它是一门在实践中运用的专业技艺，有一整套规范的知识体系，也展现为学术著作中的理论争鸣。

## 二、从精英到公众

虽然外交看似是国家外交精英的专利，但其他群体并非无可置喙。事实上，即便在17世纪晚期至18世纪威斯特伐利亚体系被奉为圭臬的欧洲，外交实践也远比那些以国家为核心的历史叙述更为复杂。诸如婚姻、亲缘、友谊、保护、信任网络等私人关系以及涉及商人、使团、间谍、代理人等群体的半官方和非正式交往都是官方交往的重要补充。[17]在“新外交史”（new diplomatic history）的视野下，非官方的、非正式的、次国家层面的“外交”有同样重要的意义。[18]他们的参与丰富了外交实践的内容与外交概念的内涵，打破了外交完全是在国家层面上由贵族精英掌控的神话。

然而，此时的“外交”远未真正成为一项公开的、大众化的活动。这些在外交活动中崭露头角的个体、协会、非官方机构远远无法覆盖社会普罗大众。精英外交群体也不会向外部披露有关谈判的信息与细节。换言之，虽然国家与精英在传统外交学和外交史研究中的地位不再独一无二，但是对于广泛的社会公众而言，外交仍然是一段秘密的过程和一项遥不可及的技艺。围绕“外交”的实践与研究仍然轻视甚至无视公众的声音与力量。

至18世纪起，思想界和现实政界对公众舆论的看法开始发生改变。尽管古希腊、罗马时代以及中世纪的学者关注公众舆论，但是他们仍将公众视为需要被一位强大的家长式领导控制的群体。直至启蒙运动，公众舆论才逐渐被理解为一种“进步的力量”。在霍布斯、洛克、孟德斯鸠、卢梭等启蒙哲学家的学说中，他们认可公众意志对于塑造和维持政府治理合法性及其治理过程的意义。[19]在现实中，识字率的增长以及新闻业的出现也使大众表达观点成为可能。欧洲民主代议制政府的建立更加给传统的贵族宫廷外交带来了巨大危机。普通民众、利益集团、大众媒体等诸多行为体可以通过议会或者直接以向行政机构施压的方式来表达并实现自己的诉求。[20]

第一次世界大战的爆发彻底打破了外交界的职业堡垒和专业屏障。随着战火在欧洲蔓延，西方知识界和民众纷纷将生灵涂炭的世界大战归咎于由欧洲贵族精英主导签订的秘密协定，要求废止战前由贵族精英控制的秘密外交，实行公开外交。他们指责精英贪恋权谋和利益，相信只有普通公众才能作出更明智的选择，因而要求以公众力量监督外交政策的制定和执行，扩大国会对外交事务的参与权，实行民主化的外交。

1918 年 1 月，美国总统威尔逊提出"十四点原则"，力主杜绝秘密外交、实行公开外交。在一战战火弥漫的最后阶段，威尔逊对"旧"外交的批评和"新外交"的主张使其很快在欧洲公民的心中成为希望的化身。他们热切期盼战后和会的到来，以"新外交"缔造新和平。[21] 威尔逊主义也迅速在东亚、南亚、中东、非洲、拉丁美洲等更多地区扩展。威尔逊主义的全球时刻（the global Wilsonian moment）也由此诞生。威尔逊作为"伟人""善人""救世主"的形象宣传在世界各地蔓延。除了公开外交的主张外，威尔逊在十四点原则中提倡的民族自决原则更吸引了众多被殖民国家的目光。埃及、印度、朝鲜、越南等地的政治领袖都以威尔逊主义为武器争取民族独立地位。[22]

1917 年俄国十月革命后，列宁发布《和平法令》，同样揭露了秘密条约对国际和平和人民利益的侵害及其引发世界大战的危险，否认旧外交的合法性，主张各国进行公开和平的谈判并接受人民监督。但是，列宁主义与威尔逊主义在思想体系上和现实主张上有巨大的差异。在威尔逊看来，列宁主义是对美国和欧洲的威胁。在列宁看来，威尔逊提出的和平方案不能解决帝国主义的矛盾，也无法带来真正的和平。[23]

尽管如此，威尔逊与列宁在对于公众的态度上却有不谋而合之处。他们都相信公众舆论的积极作用，相信人民能够凭借其理性作出正确的判断并支持开明的外交政策。[24] 威尔逊主义和列宁主义成为了第一次世界大战后外交民主化潮流的思想基础。他们拥有诸多拥趸，但是却在现实中遭遇了巨大阻力。1919 年的春天，一时间蔓延全球的威尔逊主义走向末路。它并未真正被统治者接受，也并未真正在巴黎和会上实现，一些支持者甚至因此丢掉了他们在议会中的席位。与其说第一次世界大战引发的推动外交民主化浪潮的努力迅速促成了现实政治改变或者赢得了公众支持，不如说它带来了一系列战时和战后的跨国合作以及提出了一系列意图改变外交方式的方案。[25]

经过第一次世界大战战火的荼毒和战后的国际争论，世界各地的公众自身开始意识到公众舆论的价值。公众舆论不再仅仅是学者理论研究中的话题或政客争论的工具。在公众眼中，政治家和外交家可能是虚伪的、好战的、自私的，而公众舆论则能够形成一股善意的、明智的、进步的力量，从而抑制前者作出错误的外交决定。为了和平，此时的公众不仅可以关心外交，而且必须向那些外交精英发出声音。所以，即便威尔逊主义的虚幻理想破灭，外交精英不能、也无法再忽视公众的意见了。但是，精英重视公众舆论并非全然因为认可其“进步性”，更多是因为他们意识到必须认真经营与公众的关系。他们需要在外交制度中为公众提供发声的渠道，在制定外交决策时回应公众诉求、向公众解释、接受公众监督。

在外交精英重视公众舆论的同时，他们也心生鄙夷。事实上，自 19 世纪起，学者已经反思公众是否绝对代表了“理性”和“进步性”。他们在观察民主政治现实的基础上，表达对公众意见的怀疑和不满。勒庞以“乌合之众”为名，批评“群体”为个体提供了一个可以更鲁莽行事的环境。[26] 托克维尔则担忧美国政治中影响日渐增强的公众舆论可能会演变成一种“暴政”。[27] 在整个 20 世纪，自一战后公众舆论声浪渐高，直至冷战时期，更多学者分析国家外交实践、设想国际政治和外交的理想状态时，希望能排除公众舆论的干扰。他们认为，虽然公众对国际事务充满好奇心，但却无法综合研判复杂的国际情势，又表现得极其情绪化。对于外交而言，这是危险的。[28] 而且，所谓公众舆论，其面目本身是模糊不清的。虽然可以将普通人表达其态度的言论视为公众舆论，但是事实上各有所求的公众无法天然形成统一的诉求或一致的表达。在历史现实中存在的实际是不同个体发出的个人言论。[29]

所以，外交精英希望能够通过某种方式引导、操纵、约束，乃至适时发动、组织、利用公众舆论，从而既能赋予公众发声的权利，又能牢牢把握对公众舆论的掌控权。1919年，身处巴黎的外交官们正面临这样的难题，即应该如何协调“新”外交的要求和“旧”外交的方法，并且明确公众意见究竟是什么。[30] 当我们探讨外交中的公众声音时，关注的重点其实是精英与公众的关系。精英如何控制、利用、制造公众舆论；反过来，公众舆论如何影响、挑战、再造精英外交实践。在这个意义上，值得关注的不仅是在程序意义上公众对精英外交的知情权和监督权，还有精英与公众互动对外交的概念、实践产生的实质影响。

## 三、中国的国民外交时代

第一次世界大战对中国以及那些深陷被殖民、被压迫境遇的国家的影响是双重的。一方面，威尔逊主义为战后外交提供了理想蓝本，其公开外交的主张影响了战后外交实践中精英与公众的关系。1919年也成为定义全球国际关系、西方外交实践的基准时间之一。[31] 但是，一战后欧亚大陆上传统帝国的解体并未终结帝国的历史。在殖民主义和帝国主义持续扩张的背景下，亚洲、非洲、拉丁美洲作为边缘和附属地区被纳入以西方为中心的外交叙事体系之中。[32] 简言之，引进西方外交概念与规范同反抗殖民主义和帝国主义成为包括中国在内的被殖民、被压迫国家表达现代外交概念的两条并行线索。一个更值得注意的问题，是中国外交如何在这一过程中形成了自己的特色。虽然中国国民外交思想和实践的滥觞与风靡一时的外交民主化浪潮同时代发生，但前者却并不是西方亦步亦趋的附庸，而逐步在中国的土壤中孕育其独特性。

自晚清施行新政时，公众在对外交往中的角色就开始被重视。随着帝国主义侵华的深入，“排外”案件在各地时有发生。为了避免国人重蹈“义和团”运动时期盲目排外的覆辙，从而实现“文明排外”，各界人士提出应该向民众普及外交知识。[33]1906年，《外交报》刊文指出，中学要将外交“列为普通学科，俾人人习之”[34]。民众须掌握“外交之常识”，从而能够“洞悉本国之实力，揣摩天下之情势”。[35]可以说，晚清民众最初是在帝国主义和殖民主义在华争夺的背景下接触“外交”的。

随着清廷预备立宪的推进，国人逐渐将“外交”与“立宪”“国会”联系起来，利用“立宪”的程序与过程，解释公众应该参与外交的理论基础和现实诉求。[36]来自日文学界的“国民的外交”的概念引起了中国学界的注意。1909年的《外交报》转载了日本国际法学者有贺长雄的两篇文章。有贺长雄在1898年发表的《外交秘密论》中提出“国民的外交”（国民の外交，diplomatie nationale）[37]的概念，即实行“以国民的精神为原动力的外交”[38]。1909年，他又在《国民外交与官僚外交》一文中提出应以国民监督政府外交[39]。《外交报》在转载上述两篇文章时将“国民的外交”修改为“国民外交”[40]，也由此开启了中国知识界对国民是否应该参与外交、应该如何参与外交的讨论。

一战后期以及战后初期，威尔逊主义在中国一时风光无限。同时，更多有关外交民主化的英文学界论著也被译介到中国，呼吁通过国会将民意贯彻于外交事务，以民众舆论监督外交政策执行，实行国民外交。[41]在人民主权理论之下，“国民外交”的第一层含义即民众享有参与外交的权利，可通过参与国会、舆论监督等方式实现。在民国外交学专门理论著作探讨国民外交的含义时，多直接将其与欧洲“秘密外交”相对应，认为秘密外交，或曰官僚外交，会毁灭一个国家，只有公开的国民外交才能保证国家外交政策切实有效，强调国民参与权和监督权的重要性。在外交学会主编的《外交大辞典》中，国民外交定义的核心在于“监督”，即“以国民舆论或权能，监督并督促外交当局，使外交方针与国民意志一致，是谓之国民外交”[42]。《政治法律大词典》将“国民外交”定义为“不但依据政府当局的意见，而且尊重国民相互的舆论而进行的外交”。[43]

然而，值得注意的是，《外交大辞典》为“国民外交”注的英译名，即 national diplomacy 和 people’s diplomacy，却不是英文学界的惯用名词，而是来自日文学界。1926 年，有贺长雄的学生信夫淳平在其著《外政监督与外交机关》中使用了 people’s diplomacy 和 national diplomacy 两个概念。前者指不同国家人民之间为促进友好往来的交往活动，后者指政府代表国民意志进行的外交。[44] 虽然《外交大辞典》对国民外交的定义借鉴了英文译著的内容，但其英译名仍颇受日文影响，也由此可见国民外交这一概念在被译介入中文语境之初所呈现的多元的思想内涵。

上述西文、日文、中文不同语境下的外交民主化或国民外交都强调外交不仅是精英和官僚的职业与专利，也应允许并需要普通民众的参与和投入。同国民外交思想的发展和争论相伴随的是广泛兴起的国民外交运动：从清末的拒俄运动、抵制美货、争利权，到民国初年的抵制“二十一条”运动、巴黎和会之后的五四运动、华盛顿会议之后的抵制日货运动，20 年代之后则有更多的国民外交学会、刊物、团体等诞生，及至抗日战争之后达到了新一轮的高潮。[45]

在这些具体的国民外交行动之下，中国的国民外交思想也逐渐萌生新的变化。至 30 年代，一些学者指出，民众不仅可以监督政府外交，而且可以并应该直接参与外交事务。例如，民众应增进同他国人民的友好交往和联合，出版和公众活动也可同政府外交相呼应，海外华人也应拓展同所在国人民和社团的联络渠道，从而搜集信息、宣传中国政策等。[46] 更有学者认为，因为政府有时无法代表民意，所以民众可以通过直接、自主的行动维护本国的外交利益，向政府施压甚至反抗。[47]

这种转变与中国在 19、20 世纪所处的国际和国内环境不无关联。在中国，精英与公众的互动是嵌刻在反抗帝国主义和殖民主义、追寻民族独立、建立现代国家的社会图景中的，内外战争与革命是它的底色。自鸦片战争起，中国在应对欧洲国家和俄日强邻的侵略战争中重新认识世界以及中外关系。外夷船坚炮利是中国从接连的战败经历中得出的直观感受。魏源提出的“师夷长技以制夷”凝练了时人对外部世界的心理——它既是中国学习效仿的模版，更是危险的敌人。尽管晚清有郭嵩焘等人的外交努力，民国北京政府积极推行“修约外交”，但19世纪下半叶以来的战败、割地、赔款、丧权仍然是中国的惨痛记忆。直至1919年，中国作为一战的战胜国一员出席巴黎和会，却未能通过外交实现自身利益诉求。这使更多国人抛却理想主义、更加相信弱肉强食的世界现实。

与此同时，中国国内也始终处于战乱之中。虽然辛亥革命推翻清廷、建立民国，但在北京政府掌政之下，中国又陷入连年的军阀混战之中。接连的国内军阀战乱、对外战败的境遇使北京政府的“修约外交”屡遭质疑和挑战。在这样的背景下，革命的呼声在中国蔓延开来。20世纪20年代开始，革命的号召迅速席卷中国，精英、青年、学生、广大底层民众成为革命者竞相争取的对象。在对外关系上，国民党和共产党都以“革命外交”为己任，旨在挽救北京政府的“外交失败”、废除“不平等条约”，扭转中国在国际上遭受压迫的境遇、救亡图存，乃至通过革命“改造世界”、实现解放。1943年，重庆国民政府同美英两国签署了废除治外法权的条约，国民党借此宣示为自身革命的成就。[48]在战争的环境中，各领域的革命既是一种社会现实与热潮，也是广泛存在且流行的观念，更甚之成为一种不容置疑的信念。革命的组织方式、话语模式、目标也全方位渗入中国社会各个角落。

从另一个角度来讲，革命也推动着战争现实和军事文化的发展。只有武装夺取国家政权，才能使政党有条件推行自己的施政纲领、实现其外交诉求。1926年，国共两党联合北伐，发动“打倒军阀”的国民革命，在军事行动中传播革命纲领与理想，最终推翻了北洋政府。1927年成立南京国民政府。而1927年蒋介石发动四一二政变，十年内战爆发。在国共两党二十余年的争夺中，其目标能否实现与两党组建军队、组织武装反抗、调动人力物力资源的能力息息相关。

国共两党相争的历史定义了20世纪20年代以来的中国政治生态，也深刻影响了正在扎根于中国的现代外交概念与形式。战争与革命多表现为暴力流血、疾风骤雨式的运动，强调组织性和纪律性，追求彻底的胜利，具有明确的价值判断标准。二者又相互交织，都关注风云变幻的国际现实，希冀以此实现“救亡图存”，改变中国地位。这种内外交织的战争、此起彼伏的革命运动带来了大众对世界现实以及中国命运的普遍关注和参与。抗日战争后，民族危机的加深更带来了国际关系和外交学逐步从精英走向大众的取向转变，从早期为国家培养专业的、职业的外交人才和国际法实践人才，逐渐转变为向广大民众普及有关国际关系和外交的知识。[49]“外交”正是在战争与革命的多重现实、观念、氛围、话语体系之中扎根中国，也在这样的环境中为大众所关注、讨论、乃至重构。多方围绕“外交”进行的讲述既是中国现代外交现实和实践的一部分，也承载着国共在战争与革命年代的知识、信息、话语表达；它既有最初西方经典外交学译介的影子，也浸淫在中国的本土现实之中；它既是精英的，也走向更为普遍的公众，与大众运动和知识普及纠缠在一起。

## 四、外交知识的传播与外交学的学科重塑

20世纪上半叶，大众出版物的繁荣为公众了解“外交”奠定了基础。在五四运动之后，一批以“外交知识”或“外交常识”为题目、专门为普通国民讲授如何参与外交事务、如何提升外交素养的书籍面世。其中，比较有代表性的包括钱基博的《国民外交常识》和陈耀东的《国民外交常识》[50]。二者的观点和结构有所不同，但是都将自身定位为国民读本，旨在向民众普及外交基本知识。诸多外交官也加入普及西学、编纂专门百科全书的潮流中。[51]20世纪30年代，一系列以介绍外交时事、分析国际形势、宣传政府政策为主的期刊应运而生。由全国以及各地方的研究会和学术组织主办的《外交月报》《外交周报》《外交评论》《国民外交杂志》都是其中的代表。在供外交专业的学生、研究员以及从事实

务工作的一线外交人员学习研读的外交学、外交史等学术论著和专业教材之中，诸作者也用单独的章节讲述国民在参与外交时应该具备哪些常识、技能，以及应该注意哪些事项。[52] 国民政府教育和外交机构既在政策上要求民众提升外交知识水平，也加入编辑“国民外交知识读本”的行列之中。1943 年，在中国分别同美国和英国签订《关于取消美国在华治外法权及处理有关问题之条约》和《关于取消英国在华治外法权及有关特权条约》之后，国民政府外交部和教育部合编的《国民对外交际常识》出版，旨在指导民众如何在日常生活的就餐、赴宴、致信等多种场合下同外国人得体地沟通交际。[53]

一些出版社为面向普通民众的外交读物开辟了专门的丛书系列。例如，中华书局将有关外交的图书分别置于两个类别之中。一个是社会科学领域内有关“外交”的专业著述，另一个则是“民众用书”之中有关外交知识的书籍，其中就包括“国民外交小丛书”系列。[54] 发行该套丛书的宗旨是“灌输一般国民对外应具的历史常识，以激发其爱国思想”[55]。这套丛书共 13 册，其中既包括中国同世界主要国家的双边关系史，如中国同日本、英国、俄国等国家的关系简史，也涉及国际法和外交领域中的专门议题，如门户开放、领事裁判权等；既有对中国对外关系中的热点地区的介绍，如新疆等，也有对同中国处于相似政治、经济、社会境遇地区的介绍，如土耳其、法国殖民地等。[56]

外交学原本只是高等院校的专业课程。但是，从 20 世纪 20 年代开始，在教育部审定的普通初、高中等学校教材中，有关国民外交的话题是公民学、国文课、社会科、常识课等多种必修科目的内容，[57] 有关世界以及中国对外关系的知识是教科书的常用素材。[58] 在从小学到中学的各科课程中，有关外交的知识同这些科目各自的教学目标和具体的教学任务融合在一起。学生可以通过阅读平实易懂的课文、教师讲授课文中的重点要点、课后习题和生活实践指导等各方面，了解国民参与外交的必要性以及要求。

以商务印书馆 1921 年出版的高等小学使用的《新法国语教授书》

为例，该书第四册第三十九课为《国民外交》。国语课程从清末起就是各阶段学堂的必修课程，旨在推广统一规范国语、提升识字率。在这个意义上，《国民外交》一课教学目的的“形式”部分是希望学生了解“说明体的文字”。同时，“事实”部分则是“教儿童明了今后外交上应取的方法和趋势，养成儿童公民的知识”。为此，在两小时的教学计划中，教师应该首先通过提问学生——“大家明白现在国家掌管外交是些什么人呢?”“今后外交应当什么人担责任呢?”——调动起学生的学习本课的动机，并且提出本课目的就是“和你们研究国民外交的方法”。在这样的背景中，教师导入分析本课的几个核心词汇，包括“秘密外交”“宪法”“酝酿”“惨酷”“后盾”“舆论”“国际法”。在最后总结“表抒”的部分，《教授书》给出了课后问题的参考答案：“我国从前外交失败的原因”是“少数人操外交权柄”；“‘五四’学潮发生的原因”是“要求国民外交”；“我们以后对于外交应当怎样”的标准答案是“研究国民外交常识、实行国民外交”。[59] 这节国语课程只是一个缩影，展现了有关外交的知识被嵌入其他课程日常教学之中的过程，使外交技能成为学生素质培养的一部分。简言之，通过两小时的课程，学生在学习阅读和写作说明文体的同时，更重要的是在批判欧洲秘密外交的基础上，了解实行公开外交、国民参加外交的意义和方法。

外交读本、报刊、教材、一般民众丛书等大众出版物为公众了解“外交”提供了平台，但是大多数作者仍是知识界或政界精英。因此，这些出版物既是大众透视外交的窗口，又是精英用以塑造大众认知的渠道。二者以此为媒介展开的话语竞争与合作、接受与改造，构成了塑造外交知识表达的基本逻辑。以流传甚广的陈耀东著《国民外交常识》为例，陈耀东在写作该书时正在法国学习法律。五年后，他在里昂中法大学获得博士学位。回国后，他曾在中央政治学校、重庆大学、国立中央大学担任法学和政治学教授，代表中国出席国际律师会议。[60] 在著书教学之余，陈耀东也投身国民外交实践。抗战之后，他在法国发表广播演说，呼吁联合抗日；也在中国留法比瑞同学会、中法比瑞文化协会等国民外交组织中担任委员。[61] 陈耀东将《国民外交常识》定位为“供一般留心外交的国民参考”的小册子，旨在使大众获得应有的“外交知识的训练”。[62] 在书末，他附上了一封“致读者书”，恳请读者发表读后感想、提出批评建议，以便帮助该书“成为一个完备的民众读物”，并且在最末页的信笺上注明了自己在法国巴黎的地址以及邮资。[63] 该书初版后次年，《新月》月刊为其刊发广告，称该书“是中华民国国民应当人手一册的常备参考书”[64]。

再如，大量向民众介绍外交知识的中小学各科课程教材、《东方杂志》、《教育杂志》等刊物都是由商务印书馆出版发行的。商务印书馆也印行、经销了中国近代第一份评述国际问题的报纸，1902 年创办的《外交报》。商务印书馆的出版理念自然渗透其中。商务印书馆致力于“培育近代中国的‘公共领域’”，提倡理性的民族主义，认为提高国民素质是改良的基础。其发展壮大在很大程度上仰赖它在政界、学界、报界建立的强大的关系网络。可以说，商务印书馆的运营与发展离不开张元济、蔡元培、蒋维乔等知识精英的大力推动。[65] 这样的背景决定了商务印书馆紧跟现实政治议题、追求提升大众知识素养的出版风格。

政府的角色同样不容忽视。学校的官定教材须经教育部审定。在国民党掌握政权、推行“党化教育”之后，教材的审定则更加严格。除此之外，在 20 世纪 30 年代抗日战争开始后，教育部的民众读物编审委员会组织编写了一批民众丛书，包括非常时期民众丛书、民众文库、大时代丛书、民众学校课本书目、战时综合丛书等。同时，教育部还发布了详细的指导，说明应如何使用阅读这些民众读物。这些丛书定价并不昂贵，处于普通学校、图书馆、社团集体、读者的承受范围之内。例如，非常时期民众丛书每册定价五分，民众文库每册定价二分至五分。[66]

简言之，大众出版物的繁荣构建了民众了解“外交”的渠道，但是大众能了解到关于“外交”的哪些内容以及应该如何理解这些知识并不能脱离知识界、政界精英的引导。专业学者、外交官、国民政府、国民党对于何谓外交有自己的认识。抑或更准确而言，他们对于何谓“好”

外交的理解并不相同。在激荡变革的内外环境中，他们更有鲜明现实政治意图。因此，他们笔下的“外交”更是一个可以被修饰的概念、可以被利用的工具、可以被塑造的资源。

然而，大众并非完全被动。精英讲述“外交”势必需要符合大众的阅读习惯和思维方式。20 世纪上半叶的普罗大众不是书斋中沉思理论的学者，也不是熟谙国家交际规则与现实的外交官。他们需要直截了当的沟通、简洁平实但却极富吸引力的文字，与他们的日常生活直接相关、又能唤起他们共鸣的表达。

随着公众参与的扩大，公众不仅改造了外交的程序，而且重塑了外交概念与实践本身。外交也最终从一种精英的技艺、学科，转变为面向大众的知识。外交知识固然建立在外交学理论与历史的基础之上，但是它却在生产与传播过程中与之渐行渐远，成为了 20 世纪中国外交知识体系中一个重要且独特的部分。

## 五、章节介绍

本书共分四章，分别从外交知识的胜败论、运动化、规范性、对内趋向说明其走向大众的历史。概言之，走向大众的外交知识倾向于通过胜负与对抗的框架来概括错综复杂的外交过程，注重将激发民众力量的热情同严密的组织动员和纪律服从精神相结合，并通过国际礼法与丛林法则的双重视角向大众揭示世界现实和中国的处境。外交知识的传播不仅是对外知识的普及过程，更是规训公民行为、重塑国内社会的重要途径。

第一章《胜与败：让外交知识流行起来》探讨需要长期专业训练和实践积累的外交技艺如何转变为流行的大众话题。这一过程不仅包含对外交概念和知识的复述，而且充满改写、修饰，甚至阉割。战争与军事因素的渗透是显而易见的。在面向公众讲述何为外交的过程中，以鲜明的结果评价取代复杂的过程分析、以简明的胜败之论取代内容多面的谈判，这种方法使原属精英的外交学科和技艺化身为大众皆可谈的话题。由此，外交真正流行起来了，但是也逐渐形成了一套独特的表达方式，远离其本来面目。

第二章《激情与纪律：让外交知识运动起来》探讨如何在发动民众参与外交的同时，又对其加以严格的规训。外交知识的大众化不是在书斋中自然发生的，而是在实践中被着意发动的。革命宣传和动员为运动起来的外交知识提供了充沛的情感动力，它不仅扎根于国内土壤，而且在中国的革命氛围与追求下拓展了国际维度。“运动化”的外交知识中潜藏着过于激烈、流于武化、情绪化的风向。所以，对运动的指导与控制同样重要。外交知识的“运动化”实质上是一种纪律与激情的平衡艺术。

第三章《学习国际法：让外交知识规范起来》探讨如何通过讲述国际法规范日益“流行”并趋于“运动化”的外交知识。通过向民众介绍有关条约、“不平等条约”、外交特权、外侨以及舰船权利等一系列国际法知识，大众读物希望能为民众的行为提供法律层面的规范性约束。同时，大众读物也引导民众思考法律逻辑与力量逻辑在中国外交现状以及国际政治现实中的竞逐，期待民众能在国际法的“有用”与“无用”之间认识这个世界以及中国的地位。

第四章《内与外：外交知识的对内趋向》立足外交知识的“内向型”价值，探讨公民教材如何利用外交知识的规范化教学塑造学生对于个体、国家、世界之间的关系的理解，并由此形塑合格的公民。从20世纪20年代至40年代，在革命、党化、战争的浪潮中，公民教材通过讲述外交知识逐步强化了国民党三民主义思想在构建个体、国家、世界三者关系时的纽带作用。一个具备外交知识的合格公民，首先应该是能够利用三民主义武装自身、忠于国民党党义精神、服从领导、遵守纪律的集体中的一员。

## 注释

1.《北平外交研究会刊行外交月报》,《西北文化日报》1932 年 10 月 16 日，第 3 版。

2.《发刊词》,《外交月报》1932 年第 1 卷第 1 期，第 5 页。

3. 同上。

4. Raymond Cohen, "Diplomacy through the Ages," in Pauline Kerr and Geoffrey Wiseman eds., *Diplomacy in a Globalizing World: Theories and Practices*, New York and Oxford: Oxford University Press, 2013, pp. 16—19.

5. Ibid., pp. 19—23.

6. Ibid., pp. 24—26.

7. [ 英 ] 戈尔-布思主编:《萨道义外交实践指南》( 第五版 )，杨立义等译，上海：上海译文出版社 1984 年版，第 3 页。

8. [ 英 ] 哈罗德 · 尼科松:《外交学》，眺伟译，北京：世界知识出版社 1957 年版，第 23—24 页。

9. 杨振先:《外交学原理》，上海：商务印书馆 1936 年版，第 2 页。

10. 同上书，第 1 页。

11. Raymond Cohen, "Diplomacy through the Ages," p. 26.

12. 杨振先:《外交学原理》，第 122 页。

13. 刘达人:《外交科学概论》，上海：中华书局 1937 年版，第 2 页。廖德珍:《外交学概论》，上海：大东书局 1930 年版，第 1 页。

14. Henrietta Harrison, *The Perils of Interpreting: The Extraordinary Lives of Two Translators between Qing China and the British Empire*, Princeton: Princeton University Press, 2021.

15. 例如，鲁毅等主编:《外交学概论》，北京：世界知识出版社 2004 年版，第 8 页。张晶萍:《民国外交学研究——以中央政治学校外交学系为中心 ( 1930—1949 )》，博士论文，中共中央党校 2017 年，第 6 页。张清敏:《外交学学科定位、研究对象及近期研究议程》,《国际政治研究》2012 年第 4 期，第 4—5 页。

16. 代表著作如，Li Chen, "The Acquisition and Use of International Law by Chinese Diplomats as a Sword to Defend Sovereignty and Challenge Chinese Exclusion Act in the Late Qing Dynasty," *Hong Kong Law Journal*, Vol. 47, No. 3, 2017, pp. 987—1012；林学忠:《从万国公法到公法外交：晚清国际法的传入、诠释与应用》，上海：上海古籍出版社 2019 年版。

17. André J. Krischer and Hillard von Thiessen, "Diplomacy in a Global Early Modernity: The Ambiguity of Sovereignty," *The International History Review*, Vol. 41, No. 5,

2019, p.1102. Birgit Tremml-Werner and Dorothée Goetze, "A Multitude of Actors in Early Modern Diplomacy," *Journal of Early Modern History*, Vol. 23, No. 5, 2019, pp. 407—422. Maurits A. Ebben and Louis Sicking, eds., *Beyond Ambassadors: Consuls, Missionaries, and Spies in Premodern Diplomacy*, Leiden: Brill, 2020.

18. Toby Osborne, "Whither Diplomatic History? An Early-Modern Historian's Perspective," *Diplomatica*, Vol.1, No. 1, 2019, p. 42. Daniela Frigo, *Politics and Diplomacy in Early Modern Italy: The Structure of Diplomatic Practice, 1450—1800*, Cambridge: Cambridge University Press, 2000.

19. Daniel Hucker, *Public Opinion and Twentieth-Century Diplomacy: A Global Perspective*, London, New York, NY: Bloomsbury Academic, an imprint of Bloomsbury Publishing Plc., 2020, pp. 6—8.

20. 赵可金：《试论现代外交的民主化趋势》,《世界经济与政治》2008 年第 1 期，第 29 页。

21. Daniel Hucker, *Public Opinion and Twentieth-Century Diplomacy: A Global Perspective*, p. 24.

22. Erez Manela, *The Wilsonian Moment: Self-Determination and the International Origins of Anticolonial Nationalism*, New York: Oxford University Press, 2007. 马建标：《权力与媒介：近代中国的政治与传播》，北京：北京师范大学出版社 2018 年版，第 210—228 页。

23. Erez Manela, "Wilson and Lenin," *Diplomatic History*, Vol. 42, No. 4, 2018, pp. 521—524. Arno J. Mayer, *Political Origins of the New Diplomacy, 1917—1918*, New Haven: Yale University Press, 1959.

24. Arno J. Mayer, *Political Origins of the New Diplomacy, 1917—1918*, p. 56.

25. Jan Stöckmann, "The First World War and the Democratic Control of Foreign Policy," *Past & Present*, Vol. 249, No. 1, 2020, p. 125.

26. [法] 古斯塔夫·勒庞：《乌合之众：大众心理研究》，冯克利译，北京：中央编译出版社 2005 年版。

27. [法] 托克维尔：《论美国的民主》，董果良译，北京：商务印书馆 2017 年版。

28. Daniel Hucker, *Public Opinion and Twentieth-Century Diplomacy: A Global Perspective*, pp. 13—17.

29. Tom Harrison, "What is Public Opinion?" *The Political Quarterly*, Vol. 11, No. 4, 1940, pp. 368—369.

30. Daniel Hucker, *Public Opinion and Twentieth-Century Diplomacy: A Global Perspective*, p. 43.

31. Barry Buzan and George Lawson, *The Global Transformation: History, Modernity and*

*the Making of International Relations*, Cambridge: Cambridge University Press, 2015, p. 5.

32. Amitav Acharya and Barry Buzan, *The Making of Global International Relations: Origins and Evolution of IR at its Centenary*, Cambridge: Cambridge University Press, 2019, pp. 2—4.

33. 曾荣：《近代中国的“国民外交”的渊源流变》，北京：人民出版社 2021 年版，第 80—150 页。

34.《论中学当增设外交一科》，《外交报》1907 年第 180 期，第 3 页。

35.《国民之外交常识论》，《民立报》1911 年 8 月 10 日。

36. 曾荣：《近代中国的“国民外交”的渊源流变》，第 151—243 页。

37. 周斌：《清末民初“国民外交”一词的形成及其含义述论》，载中国社会科学院近代史研究所编：《中国社会科学院近代史研究所青年学术论坛》(2007 年卷)，北京：社会科学文献出版社 2009 年版，第 327—328 页。

38. [日] 有贺长雄：《外交秘密論》，《外交時報》第 2 號，明治 31 年 3 月，第 36—37 页。转引自，同上文，第 327 页。

39. 周斌：《清末民初“国民外交”一词的形成及其含义述论》，第 327 页。

40. 同上文，第 328 页。

41. 周斌：《清末民初知识分子的国民外交观念述评》，载王智、郭德宏主编：《知识分子与近现代中国社会》，武汉：湖北人民出版社 2009 年版，第 174—175 页。

42. 外交学会：《外交大辞典》，上海：中华书局 1937 年版，第 733 页。

43. 高希圣、郭真：《政治法律大词典》，上海：科学研究社 1935 年版，第 312 页。

44. 周斌：《清末民初“国民外交”一词的形成及其含义述论》，第 327 页。

45. 印少云：《近代史上的“国民外交”》，《甘肃社会科学》2003 年第 3 期，第 132—138 页。张静：《国民外交与学术研究：中国太平洋国际学会的基本活动及其工作重心的转移(1925—1933)》，《社会科学研究》2006 年第 4 期，第 144—153 页。印少云：《近代中国国民意识的生成与国民外交》，《学术论坛》2005 年第 6 期，第 33—54 页。马建标：《民族主义旗号下的多方政争：华盛顿会议期间的国民外交运动》，《历史研究》2012 年第 5 期，第 109—127 页。曾荣：《近代中国“国民外交”的渊源流变》，第 33—64、104—130、175—205 页。

46. 严衍钧：《全面抗战与国民外交》，南京：中山文化教育馆 1938 年版。

47. 陈耀东：《国民外交常识》，上海：新月书店 1930 年版。

48.《时事新报社》社论：《国府命令与领袖文告》，1943 年 1 月 13 日；《国民日报社》社论：《五十年外交奋斗之光荣》，1943 年 1 月 20 日；《中央日报社》社论：《平等自由的光明灯塔》，1943 年 2 月 13 日；林泉编：《抗战期间废除不平等条约史料》，台北：正中书局 1983 年版，第 1016—1018、1031—1032、1039—1042 页。《中共关于庆祝中美中英间废除不平等条约的决定》，《解放日报》1943 年 1 月 29 日第 1

版；陈伯达：《评〈中国之命运〉》，《解放日报》1943年7月21日第1版。

49. 赵思洋：《20世纪上半叶中国国际关系学的演进——基于长时段的知识社会学考察》，《国际政治研究》2020年第6期，第15页。

50. 钱基博：《国民外交常识》，上海：商务印书馆1920年版。陈耀东：《国民外交常识》。

51. Li Hsiao-t'i, "Late Qing Encyclopedists: Establishing a New Enterprise," *Bulletin of the Institute of History and Philology Academia Sinica*, Vol. 81, 2010, pp. 651—700.

52. 参见，廖德珍：《外交学概论》，总论第七章“国民外交常识”，第26—27页。杨振先：《外交学原理》，第一章第六节“秘密外交与国民外交”，第28—32页。夏天：《中国外交史及外交问题》，上海：光华书局1932年版，第八章“国民外交与革命外交”，第356—373页。任启珊：《中国外交史纲要》，上海：中华书局，1934年，第六章“国民外交的活跃”，第123—161页。

53. 外交部、教育部编：《国民对外交际常识》，上海：中国文化服务社1947年版。

54.《中华书局图书目录》，上海：中华书局1931年版，第89页。《中华书局图书目录》，上海：中华书局1933年版，第95页。《中华书局图书目录》，上海：中华书局1939年版，“民众用书”（子），第2页。

55. 国民外交丛书社：《近代中日关系略史》，上海：中华书局1925年版，“编辑凡例”。

56.《中华书局图书目录》，上海：中华书局1933年版，第95页。该套丛书包括《近代中日关系略史》《中英关系略史》《中俄关系略史》《新疆问题》《门户开放之今昔观》《领事裁判权与中国》《外国在华之经济侵略》《中国交通与外国侵略》《战后德国之经济》《新土耳其》《日本收回法权税权小史》《各国行业竞争》《法国殖民地》。

57. 参见，庄适：《新法国语教科书》第8册，上海：商务印书馆1921年版，第45—46页。董文、朱翊新：《新主义常识课本》第8册，上海：世界书局1932年版，第57—58页。冯顺伯、金崇如、王仲和：《初中公民学教本》第2册，南京：江苏省立第一中学1926年版，第80—85页。王铭玉等：《初小社会教学法》第8册，上海：世界书局1934年版，第75—86页。

58. 参见，唐卢锋、戴渭清：《前期小学社会课本教学法》第8册，上海：世界书局1928年版，第98—104页。其中，第十三单元为《民国以来的外交失败与国民外交的向上》。顾树森、潘文安：《新著公民须知（道德编）》，上海：商务印书馆1923年版，第58—62页。其中，第七章为《国际道德》，分为三部分世界主义和国家主义、国民外交、待遇外人。

59. 戴杰等：《新法国语教授书》第4册，上海：商务印书馆1921年版，第169—171页。

60. 参见，张仁善：《民国法科教育的奇峰——国立中央大学法学院》，《东南大学学报（哲学社会科学版）》，2022年第5期，第84、86、90页。朱明哲：《西法东渐中的知识自主：以里昂中法大学法学博士培养为例》，《上海交通大学学报（哲学社会科学版）》2021年第5期，第143、146—147、150页。《国际律师协会举行年会，我代表有所演述，主席亚培尔宣称在中国之领判权应撤销》，《察省国民新报》1936年10月9日，第2版。

61.《陈耀东在法广播演说吁请世界共制暴日，英援华会来电声援我国抗战》，《西京日报》1938年10月27日，第1版。《中法比瑞文协等举行大会》，《中央日报》1942年11月30日，第3版。

62. 陈耀东：《国民外交常识》，第2页。

63. 同上书，附录。

64.《新月》第1卷第20号，1929年2月，《国民外交常识》广告。

65. 马建标：《权力与媒介：近代中国的政治与传播》，第135—150页。

66. 教育部社会教育司编：《民众读物各项重要法令——附民众读物书目》，1939年，第16—20页。

# 第一章　胜与败：让外交知识流行起来

## 一、走近公众：从一则有关《尼布楚条约》的儿童作品说起

举凡20世纪有关中国外交缘起的著作，多从中俄《尼布楚条约》说起。这大体是因为，《尼布楚条约》是中国历史上签订的第一个正式条约，学界多视其反映了欧洲通行的国际法原则和现代国际关系观念。1689年，中俄历经军事冲突与谈判交涉后，最终以满、俄、拉丁文三种文字签订条约，并以拉丁文本作准文本。双方由此约定东部边界、越界人员管理、通商贸易等内容。该约具体条款如下：

> 一、以流入黑龙江之绰尔纳河，即鞑靼语所称乌伦穆河，附近之格尔必齐河为两国之界。格尔必齐河发源处为石大兴安岭，此岭直达于海，亦为两国之界：凡岭南一带土地及流入黑龙江大小诸川，应归中国管辖；其岭北一带土地及川流，应归俄国管辖。惟界于兴安岭与乌第河之间诸川流及土地应如何分划，今尚未决，此事须待两国使臣各归本国，详细查明之后，或遣专使，或用文牍，始能定之。又流入黑龙江之额尔古纳河亦为两国之界：河以南诸地，尽属中国；河以北诸地尽属俄国。凡在额尔古纳河南岸之墨里勒克河口诸房舍，应悉迁移于北岸。
>
> 二、俄人在亚克萨所建城障，应即尽行除毁。俄民之居此者，应悉带其物用，尽数迁入俄境。

两国猎户人等，不论因何事故，不得擅越已定边界。若有一、二下贱之人，或因捕猎，或因盗窃，擅自越界者，立即械系，遣送各该国境内官吏，审知案情，当即依法处罚。若十数人越境相聚，或持械捕猎，或杀人劫略，并须报闻两国皇帝，依罪处以死刑。既不以少数人民犯禁而备战，更不以是而至流血。

三、此约订定以前所有一切事情，永作罢论。自两国永好已定之日起，嗣后有逃亡者，各不收纳，并应械系遣还。

四、现在俄民之在中国或华民之在俄国者，悉听如旧。

五、自和约已定之日起，凡两国人民持有护照者，俱得过界来往，并许其贸易互市。

六、和好已定，两国永敦睦谊，自来边境一切争执永予废除，倘各严守约章，争端无自而起。

两国钦使各将缮定约文签押盖章，并各存正副二本。

此约将以华、俄、拉丁诸文刊之于石，而置于两国边界，以作永久界碑。[1]

有关清俄交涉经过以及条约文本内容最早的官方叙事载于康熙朝编纂的《平定罗刹方略》和载录康熙朝重大事件的《圣祖仁皇帝实录》，旨在展现王朝武功和康熙的雄才大略。[2] 至 19 世纪中叶，在清廷成立总理衙门、编写《筹办夷务始末》并与俄国签订更多条约时，更加强调该条约为处理清俄关系以及划界提供的历史依据。[3] 随着“经世致用”的边疆史地研究兴起，诸多官员、学者在实地考察和文本考据的基础上，对条约各款详加评述并比较不同版本异同。[4]

《尼布楚条约》真正为更广泛的公众所知，始于晚清于 20 世纪初施行“新政”、推广“新式教育”之时。至民国时期，该条约通过中小学教材、报刊、史论、通俗作品、日常读物等为公众所知。但是，对于没有史地知识基础的普通公众而言，理解清朝的战略考量、沙皇俄国的扩张历史以及双方在战场上和谈判场上围绕划界、移民、越境逃人的争夺并非易事。更遑论条约中那些位于东北边疆的大小山川河流，以及围绕满、俄、拉丁文本之间不同措辞的争议。

那么，大众读物如何引起普罗大众对该条约的关注，又如何使他们快速把握条约内容？从1928年《小朋友》周刊上发表的《尼布楚条约》一文中，我们可以大体窥见此类出版物是如何向普通读者呈现该条约的。

> 我国东北一带地方，和俄国是紧邻，中俄两国的境界，从来就没有划清，因此关于国境的问题常常相争。
>
> 康熙年间，中俄两国为了争境界的事，常常打仗。康熙二十二年，俄国兵在爱［瑷］珲附近，被我国打的片甲不留；二十四年我国攻打阿尔巴金城，俄国兵又大败，退到尼布楚地方。
>
> 后来，俄国救兵到了，又回到阿尔巴金城。我国派兵八千，大炮四十门，将城围住。城内原有七百三十六个俄国兵，打的打死，病的病死，后来只留得六十多个。城差不多要破了，忽然接到议和的命令，这才解围。
>
> 康熙二十八年，中俄两国，各派公使到尼布楚议和。我国公使带着一万兵，一路向尼布楚出发，俄国尼布楚将军知道了，连忙派人拦阻，但我国公使不理他。
>
> 八月初二日，我国公使到尼布楚，把一万大兵，驻在城外。俄国公使随后到来，看了我国的大兵，不觉慌了起来。
>
> 二十四日，两国公使在尼布楚城外的天幕底下开议，都带着卫兵。我国公使要把尼布楚划做两国国境，俄国公使一定不肯，后来，我国公使便不再和他谈判，大大的调动军队，预备围尼布楚城。俄国公使不得已，这才答应了。于是康熙二十八年九月九日，中国和俄国的和约，就此告成。这便是中国唯一的胜利的尼布楚条约。过此以后，每次订约，中国总是吃亏的，再没胜利的了！[5]

《小朋友》是中华书局于1922年4月创办，由既是音乐家和作曲家也是教育家的黎锦晖主编的周刊，主要发表使用白话文写作的童话、寓言、歌舞剧目、儿歌、笑话、谜语等儿童体裁作品。为了拉近同普通读者的距离，其语言风格是生动活泼、平易近人的。上述《尼布楚条约》一文就使用了最浅显易懂的白话短文，描述了清俄从交涉到冲突，再至条约谈判与签署的一系列环节。该文发表于周刊的《演说坛》栏目。正如栏目名称所示，读之感觉并不像是学习一堂严肃的外交史课程，而像是一场面对面的交流和一次身临其境的体验。该文虽然不长，但是作者描述了清俄交兵、围城、求和等丰富的情节，展现双方交涉跌宕起伏和扣人心弦的一面。它省略了谈判的具体经过、清俄的让步详情、条约的文本，特别是其中关涉的具体的领土划界、通商、移民管理等条款约定和外交问题。绝大多数篇幅都在描绘清俄战争经过，特别是清军战胜、俄军慌乱无措的场景。这篇不到五百字的短文最终的落脚点是《尼布楚条约》签署的激动人心的时刻，并将其概括为“唯一的胜利”，也由此哀叹此后“中国总是吃亏的，再没胜利的了！”这是一种简单直接的叙述方式。在讨论分析复杂的历史情境、外交技巧、长远影响之外，它更注重讲述瞬息万变的冲突形势、清军占据优势的战况，以及最终直截了当地认定“胜利”或“失败”。

将复杂的外交技艺化繁至简、以胜败评判取代外交史中复杂的利益得失分析，是一种精心设计的表达。这种表达方式背后隐藏着一个宏大的目标，使普通读者以最直接、最鲜明的胜败之分接触外交。这也呼应了《小朋友》的办刊目的。《小朋友》周刊创刊时，其宗旨是希望“在茫茫的郊野中，建造一所小小的乐园……让亲爱的小朋友，逍遥游玩于园内。锻炼身体，增加智慧，陶冶感情，修养人格，一年年长成千万万健全的国民，替社会服务，为民族增光”[6]。因此，在生动的外交小故事背后，更重要的目的是唤起民众对外交事务的关注，从而为培育国民外交素养打下基础。

1953年，《小朋友》改由少年儿童出版社出版，至今发行已逾百年。

在《尼布楚条约》走向公众的过程中，诸多如《小朋友》期刊一样贴近民众生活的日常读物成为其常见的载体，它们成为普通读者通过文字了解条约以及外交的第一扇窗。《尼布楚条约》从王朝中央走向普通读者的历史是向大众普及外交知识的一个缩影。一战后，随着外交民主化浪潮在全球范围内的推进和扩散，增加普通公众对外交事务的知情权甚至参与权成为大势所趋。那么，从未接受过专业培训的大众如何接触并接受那些原本高深的外交学科概念和原则？外交又如何从一门需要接受长期专业训练和实践积累的精英技艺，转变为一种广为人知的大众谈资？换言之，它是如何流行起来的？

本章认为，在面向公众讲述何为外交的过程中，以鲜明的结果评价取代复杂的过程分析、以简明的胜败之论取代内容多面的谈判，这种方法使原属精英的外交学科和技艺化身为大众皆可谈的话题。这一过程不仅包含着对外交概念和知识的复述，而且充满着改写、修饰甚至阉割。战争与军事因素的渗透是显而易见的。由此，外交真正流行起来了，但是也逐渐形成了一套独特的表达方式，远离其本来面目。

## 二、知识精英的外交技艺

晚清以降，随着中外交涉日繁，中央外交机构的官员，从五口通商大臣到南、北洋大臣，再至地方督抚和将军、关道、洋务局和交涉局等机构官员都被卷入涉外事务之中。在晚清报界和一些外国传教士眼中，中国甚至形成了“人人都是外交家”的局面。[7] 在晚清外交体制未定的背景下，所谓无人不事外交的描述固然反映了对外交涉的权限在中央和地方官员中蔓延的现实，但是把“人人”都纳入其中也未免有夸大之嫌。这里的“人”仍只限于“人臣”，远非普罗大众。

外交，仍然是一门有门槛的“贵族”学问。成为一名合格的外交官，需要学习多种学科知识、通过专门考试，并在实践中积累职业技能。1862年成立的京师同文馆是最早培育涉外事务人才的官方机构。但是，只有“八旗聪颖子弟”才有可能入选同文馆，学习外语、各国法政、历史地理、自然科学等知识，乃至远赴重洋留学。[8]民国初期，培养外交官的精英路线仍在延续。经过北京政府外交部的行政改革，外交官的培养、拣选和委任进一步体制化、规范化、公开化，谋得外交部的工作岗位要经过多年的专业学习并通过严格的入门考试。[9]根据中华民国颁布的《外交官领事官考试法》，只有在“本国或外国国立或公立私立专门以上学校修习政治经济法律各项专科或各国语言文字得有毕业文凭或证明书者”，才有资格参加招录考试。外交官领事官考试分为四试，第一试科目是语言类，考察“一国以上之文字”，包括国文以及英、法、德、俄、日文等；第二试科目为宪法、国际公法、国际私法、外交史四科；第三试科目为选考科目，应试人须从行政法规、刑法、民法、商法、刑事诉讼法、民事诉讼法、政治学、经济学、财政学、殖民政策、商业史中选择四科；第四试为笔试和口试结合，其中约章成案和外交实践采取先笔试、后口试的形式，再用中文考察草拟文牍，最后为外语口试。考试及格者还应先在驻外使领馆学习两年，成绩优良者作为候补，在国务院铨叙局注册备案，留待外交部备用。[10]

1927年，南京国民政府成立后，不再认可北京政府的外交考试资格和规则，[11]修正了外交部组织办法并且颁布了自己的考试条例。其最主要的区别在于增加并逐步强化对三民主义和国民党党义的考察，但是在专业资格认定和专业知识考察上的要求则与先前北京政府的规则相去不远。1928年8月，南京国民政府颁布了《驻外使领馆职员考试简章》。其中规定35岁以下、20岁以上的公民，只有在国内外大学或者专门学校完成法律、政治、经济、商业等学科学习三年以上并毕业或者在南京国民政府机关工作满一年以上才有资格参加考试。考试分为初试、复试和口试。初试科目包括，三民主义及建国大纲、建国方略、国文、本国历史及地理、外国历史及地理、法学通论。复试考察政治学、外交史、国际公法、国际私法、经济学、中外条约、外国语文（英、法、德、俄、意、日、西语之一），此外还应在行政法、民法、商法、刑法、财政学、商业学中选择其一。口试则不限定考试科目，以中文或外文进行。[12]

此后不久，1930年，国民政府考试院颁布了《高等考试外交官领事官考试规则》，后经几次修订，在1935年形成最终版本。其中规定，只有满足下列条件之一才能获得参加外交官、领事官考试的资格，即在国内外讲授外交、法律、政治、经济等相关专业高等教育机构完成学业、在外交领域著有专书、有相关工作经历，或通过同类考试满四年以上。外交官、领事官考试的笔试包括两门必考和一门选考。第一门必考科目包括国文（论文及公文）、总理遗教（即建国方略、建国大纲、三民主义以及中国国民党第一次全国代表大会宣言）、中外历史、中外地理、宪法、第一外国文（英文或法文）。第二门必考科目为国际公法、国际私法、民法、国际关系、经济学、中外条约。此外，考生还应在商事法规、国际贸易、各国政治制度、第二外国文四个科目中任选其一。在此基础上，应试者还应参加面试，主要围绕第二门必考科目及其实际经验展开，面试将以中文或外语进行。[13]

对于一名有志于成为职业外交官的青年而言，只有完成扎实的专业学习和语言训练，才有可能通过这样的考试。这也是很多从事外交学及其实务研究的学者和外交官的共识。曾在丹麦、瑞士、西班牙、巴西、挪威使馆任职的宋善良就是其中之一。1936年，宋善良编写的《外交指南》出版，旨在向有志于从事外交事业的读者介绍外交理论与规范，并分享他在实际驻外工作中的经验和心得。在其著中，他开门见山地阐述一个职业外交官应该掌握哪些学识，其中囊括了从国际公法、欧洲国际法、欧洲各国法律、近世以来各国条约历史，到各国政治制度、各国经济情况、各国地理概况、国际会议规范及步骤等各方面内容。[14]这甚至远远超过了国民政府考试院规定的范围。

只有在高等院校的专门学科完成全部学业才能覆盖上述知识要求。以中央政治学校外交系为例，学生在此需要用四年时间完成专业学习。

根据1932年的课表，外交系一年级教学的核心目的是培养学生了解中外人文史地、政治、经济等概论知识；二、三年级开始研习国内外法律以及外交史等科目，包括国际公法、国际私法、比较宪法、民法概论、西洋外交史、中国外交史等；至四年级则更关注外交实务，如国际组织、条约研究和实习等科目。此外，学生从一年级起就必修国文、英文、法文，其中国文课程仅一年级修习，英、法文则需一直学习至四年级、每周三课时。自三年级起，学生还需选修第三外语。[15] 此后，中央政治学校为了适应国内国际形势变化，几次修改培养方案并添加新课程。1935年起，四年级课程中增加更多实务课程，如外交文牍、条约研究等。[16]1937年起，外交系邀请从业外交官为四年级学生就使馆组织、仪节、服饰、侨务、护照、宣传与情报等具体问题进行讲演。[17]1944年，外交系应时举办了一系列中国同美、英、苏以及拉美关系、如何处置日本问题、战后外交动向等主题演讲。[18] 整体而言，中央政治学校外交系形成了以人文史地、政治、经济为学业基础，国内外法律和外交史为主干课程，重视外语能力培养、关注业务实操能力的教学体系。

民国职业外交官也普遍曾在海外高等学府获得政治、经济、法学、文学等相关学科学位。从一份1934年国民政府现任重要外交官及领事官的履历表中可以看出，在国民政府列出的80位外交和领事官员中，有66位曾在海外高等院校学习政治学、国际关系、经济学、法学、国际法等专业并获得学士、硕士、博士学位，在余下的14人中，也有数人曾在任职前或任职期间有海外学习经历。他们的足迹遍布美国、英国、法国、德国、比利时、日本等国，诸如哈佛大学、康奈尔大学、哥伦比亚大学、剑桥大学、伦敦大学、巴黎大学、鲁汶大学、东京大学、早稻田大学等都是他们曾经学习的地方。[19]

总体而言，民国外交官群体的教育经历、职业培养和选拔任用有鲜明的知识精英化导向。只有在学力和财力背景上都有充足准备的学生才能有机会进入并通过复杂的遴选程序。并且，该培养过程和选拔体系非常注重外交官和领事官的法学素养和外语能力，其教学和考试的核心科目大体围绕多门外语、中华民国国内法、国际公法和国际私法，以及各国法律展开。可以想见，这奠定了民国政府对外交官员的业务期待，要求他们能够在错综复杂的世界和本国现实中形成严谨的工作思路，交涉办案有据可依，同时广泛关注不同国家法律共性与差异，并能使用多种语言完成调研、交涉等业务。

## 三、走入寻常百姓家的外交概念

对于普通公众而言，学习这些繁冗的法律条文、规范化的文书表达、多种外语、复杂的外交史和国际关系是极富有挑战的任务。他们当中的大多数人从未走出国门，职业和教育背景迥异，甚至相当一部分人鲜有阅读和高等教育求学经历。1937年，张明养以他的笔名张弼写作出版了《现代外交的基本知识》，在开篇他就谈及了这个问题。他说到，最近国人“在政治认识上，有一个很好的倾向，那就是注意国际的事情”，[20]不过一些外交学书籍“过于专门，不适于一般读者的胃口”。[21]张明养的观察反映了当时的现实。一方面，有关国际问题的理论、历史与现实的研究在知识精英之间蓬勃兴起，各种著作如雨后春笋。另一方面，公众也越来越关注中国在国际舞台上的遭遇和外交表现。特别是在抗日战争的背景下，所有个体都无法置身于国际大事之外。然而，精英与大众的知识背景、着眼点和思维方式却大不相同。彼时，张明养已经在商务印书馆与胡愈之合作编辑《东方杂志》多年。在胡愈之创刊《世界知识》后，张明养也是编委，并且发表大量文章，向公众普及有关世界政治局势、外交形势的知识。因此，他以“基本知识”命名其专书，通过更接近大众的笔法，讨论“国际间的交涉方法”。[22]该书也是上海生活书店出版的青年自学丛书之一。

面向普通大众的读物，有别于当时高校外交学系或政治学系专业教学所用的著作文献，往往仅在数页或百余字之内把复杂问题的来龙去脉讲述清楚，把艰深的理论拆解为浅显易懂的梗概。以中华书局的“国民外交小丛书”为例，其中篇幅最长者亦不超过百页，多数在六十页上下，力图通过短小精悍的叙事、简单易读的笔法向普通读者呈现国际法和外交谈判中的复杂问题。如其“编辑凡例”中所言，整套“小丛书”既能“供高级小学和初级中学历史科的补充读物”，也可作为“通俗讲演的资料”。[23] 很多出版物也因此可作为民众自学材料。简洁明快、直截了当、饱含感情的语言风格也是大众读物的特征。以《外交月报》为例，刊物作者多为名家，其语言风格却极具渲染力，甚至常在标题中可见“讽刺挖苦”的语言，希望以此调动起普通读者对于外交事务的关注。[24] 首期刊载的《发刊词》感情充沛激昂，用最直白的语言疾呼，“固然靠外交是不能生存的。但是不明白外交，或不注意外交和他项政治学术的连锁关系，那吃亏真是不可计量！”[25] 概言之，“普及外交知识”的关键工作之一就是将充斥着专业术语、法律条文、复杂史地考据的专业文献和学术著作进行内容萃取，通过更加口语化、情感化的叙事表达，将严肃艰深的外交理论和历史转化为通俗近人、热血澎湃的国民启蒙，使其更适宜大众阅读和传播。

在大众读物面向普通读者介绍“外交”时，首先选择为外交概念的登台描绘了一个贴近生活的现实场景，并且在其中提炼了一条清晰的容易被大众把握的主线。它们通常首先描绘当时的国际大势，并强调中国在其中所处的位置。在这里，中国自 19 世纪中叶以来所遭受的外来侵略，是诸多作者采纳事实、组织材料、描绘世界形势和中国国际地位的起点。帝国主义国家的殖民扩张是叙事展开的主线。中国近时以来的对外关系就是国土被侵略的历史、国权被支配的现状，以及民众遭受外人压迫屠杀的种种惨案。他们多从自鸦片战争以来中国不断遭受的军事侵略讲起，继而谈及中国签署不平等条约、割地赔款、国土沦丧，并辅以地图和割地列表佐证中国所遭受的侵略压迫。例如，前文所述的“国民外交小丛书”中的《近代中日关系略史》的主要目的是强调近 50 年来的日本侵华史。[26] 探讨交通问题的《中国交通与外国侵略》主要叙述

“列强之层层侵略”的历史，呼吁国人应“排除外人之势力”，以图振兴。[27] 与之相似，《中俄关系略史》也从“帝俄时代俄人之侵略中国之事实”开始铺陈。[28] 在以外来侵略为线索的叙事思路下，有关外交学和国际法的专业概念介绍着眼于中国如何受其所害，如《门户开放之今昔观》《领事裁判权与中国》等；对中国在巴黎和会等国际会议中经历的描述更凸显中国“受帝国主义的压迫”，而非北京政府的外交努力；对中外民众交往的介绍多围绕帝国主义在华所酿惨案以及屠杀无辜民众的恶行展开，如五卅惨案等。

毫无疑问，遭受西方坚船利炮的侵略以及失地丧权，是19世纪中叶以来中国对外关系的现实之一。无论是受到战争影响被迫奔波逃难的流民、走上战场的士兵和劳工、直面城市租界和外国巡捕的市民，还是参与抗议帝国主义游行运动的学生，他们的日常生活都在被侵略重构。换言之，帝国主义在中国的侵略扩张的确是普通公众可以在日复一日的生活体验中鲜明感知的国际现实。但是，当它成为大众读物的叙事主线和焦点时并不全然是作者的无心之举。中国对外关系现实是更复杂多元的。中国同欧洲国家在思想、文化、器物层面上的交流可以上溯几个世纪之久；同日本、俄国等周边国家的往来也可以追溯至更久远的帝制时期。在19世纪，中国的对外关系也具有丰富多样的内容以及主动探索的精神。在工业、科技、思想、文化等若干领域，中国的政界、知识界、商界、科技界等群体都同外部世界保持着密切的互动，人民的日常生活经历着巨大变迁，常被抨击丧权辱国的北洋政权事实上也取得了重要的外交成就。[29]

然而，这一部分“事实”鲜少出现在大众外交读物有关国际场景的描绘之中。在“国民外交小丛书”系列之一的《近代中日关系略史》中，作者开篇就指出中日两国本来有密切久远的往来，但是这些悠远的古代历史却对一般国民的对外常识而言“实在不十分重要”。写作该书的关键是要让普通民众了解日本自晚清以来侵略中国的历史，因此它只关注自1871年两国缔结《中日修好条规》《中日通商章程》以来，至

1924年“日本决定退还庚子赔款，在中国举办所谓‘对支文化事业’，设专局逮【隶】属日本外务省，以实行文化侵略”为止的两国关系史。在此间，该书列出了二十几项“日人侵略我国的荦荦大端”，并指出其他掠夺权利、欺侮国民的事件更是不胜枚举。这些也是该书最希望“一般从事国民外交”的普通民众最能了解的“简明而正确”的侵略历史和背景，并使其思考日本究竟能否“抛弃侵略的野心”？[30] 正如李怀印所说：“面对强敌入侵和国内动荡，中国史家中间，很少有人觉得在象牙塔里对历史进行纯粹的实证研究具有吸引力，或者切实可行。”[31] 在史学叙事之中融入对现实境况的忧虑以及对保卫国权的迫切关怀是一般著者颇具倾向性的选择。由此，外来侵略成为大众读物描绘世界现实以及中外关系的核心线索，而抵抗侵略战争则是学生要掌握的内容。

1931年“九一八”事变后，在日本发动侵华战争的背景下，国人对于外交的关注有了更加鲜明的目的。面对“国难”，同年11月，东北外交研究委员会成立。次年7月，该会迁址北平，编印发行《外交月报》，邀请国内外政治、外交、国际法等领域专家撰写文章。其首卷首期《发刊词》开宗明义地表明民众在当前时局下学习外交知识的目的，

> 现在的时局，真是严重极了。内忧，外患，天灾，人祸，一齐逼来！我们这中华民族，究竟能不能生存？祖宗数千年的遗产，子孙亿万世的生机，是不是都会由我们这一代的手里断送了去?！这匹夫有责的责任，是何等重大；这危机一发的局面，是何等紧张！前门的虎，后门的狼，都张牙舞爪，跳跃嗥哮，一齐奔向客厅寝室里来了！屋子里的人们！还能躺着床上睡大觉？坐着沙发上说风凉话么？何况是拎臂夺食，抱头纠打呵?！大家都警醒团结起来吧！[32]

该刊有关何为“外交”、如何“外交”的讨论是在这样危急的氛围之下展开的。侵略与战争的现实背景成为民众接触外交实践、理解外交概念的思维底色。

这样的叙事线索伴随着外交知识走向更广泛的阶层和民众。这一过程也改变了原本只由精英掌握的外交概念的内涵，使其更加符合公众期待，并且服务于国民参与外交的目的。相比之下，在民国出版的专业外交学理论专著和教材之中，其写作起点通常是在外交学视阈下追溯“外交”概念本身及其由来历史。廖德珍在其著《外交学概论》中首先在先秦古籍经典中追溯“外交”的古意。例如，孔子所言“为命，裨谌草创之，世叔讨论之，行人子羽修饰之，东里子产润色之”是对郑国外交辞令产生过程的描述；孟子外交思想中的“以小事大”；以及墨子所言“亲戚不附，无务外交”。在廖德珍看来，这些展现了中国古代外交的萌芽。[33] 杨振先则在论著中首先回溯“外交”一词的西文词源和古意，详晰了该词从希腊文 δίπλωμα，至 diploma，再到莱布尼茨所使用的 Diplomaticus 以及迪蒙所用 Diplomatique 一词，直至伯克正式使用的 Diplomacy 一词的词源发展演变历史。接着，他又详细列举了屈西、萨道义、福希耶、美国国务卿约翰·沃森福斯特（John Watson Foster，又译科士达）等学者对“外交”的定义及其差别。[34] 一般而言，专业论著多会落脚至近时西文外交学著作对外交的定义，特别是萨道义（亦作沙陶、赛度、沙都等）对外交的界定，强调智慧、权谋、技略的施用以及对国家间关系的和平处理。[35]

通过援引中西文古籍著作追究“外交”的词源以及它的中文和西文意义演变，这些专著作者首先希望在学理意义上严谨、全面地展现外交概念由来的历史性、复杂性和多样性。杨振先在其著作序言中说道：“国人著书常犯一大毛病，即求速成。”[36] 他认为研究外交必须通览古今中外文献、博采众长，也暗指那些“速成”读本并不可取。杨振先的评论不无道理。但是，对于大众读者而言，探讨“外交”由古至今的中西文词源和语义则过于晦涩深奥。大众读本讲述的中国当下的遭遇则更加贴近现实、与普通人的生活息息相关，其表达方式也迎合了大众情绪、更富感染力，营造了人人需要学习外交的紧迫感。相比之下，在学理层面的深究反而对于普通读者而言没有那么重要。正是在这样的氛围中，

“外交”面向普通读者登场了。

## 四、胜利与失败：一种现实的考量

面向大众读者登场的“外交”生长在中国对外关系“败局”的现实土壤之中。诸多讲述中国外交历史与现状的书籍或专题章节直接以“失地史”“丧权史”“侵略史”“失败史”命名，将复杂的外交实践过程浓缩为一个“失败”的结果。例如，在谢彬的《中国丧地史》、徐国桢的《近百年外交失败史》、邱祖铭的《中外订约失权论》、黄孝先的《帝国主义侵略中国史》、龚德柏翻译的《日本侵略中国外交秘史》等著作的标题中，都选用“丧地”“失败”“失权”等词概括并酝酿了中国遭受屈辱的情感共鸣。[37] 其中，龚德柏的翻译更体现了这种着意选择。龚氏所译之书为日本外务大臣陆奥宗光的自传回忆录，其原标题为《蹇蹇录》，讲述日本外交自朝鲜东学党起义至俄、德、法在甲午战后干涉还辽的历史。然而，龚德柏在翻译其标题时，以日本侵略中国的现实替代陆奥宗光从个人视角出发撰写的外交回忆录，力图将读者关注的重点从日本外交决策细节转移至其侵华动机和过程上。[38] 此外，在各级学校各科教材的章节和课文中也纳入了有关“外交失败史”“外交痛史”的内容。[39] 这些书籍也被纳入各类百科小丛书、中小学教学参考书、图书馆必备书的书目之中。[40]

在这些作品中，中国在外交实践中签订不平等条约、割让领土、丧失主权、赔款、划定租借的耻辱是其叙事主线。如谢彬在《中国丧地史》中历述中国“自清乾嘉以来丧失领土领海两权之重大事实”，帮助国人“明了领土领海之观念”，尤其是清末“政府昏庸无能，对外着着失败”的屈辱。[41] 徐国桢在《近百年外交失败史》书末列出了全年一月至十二月共 26 个国耻纪念日。即便读者不通读全书，也可对国耻了然于胸。[42] 在初级小学常识课中，当教师讲授“我国外交失败史”这一节时，会以一个问题开启课堂："怎样叫做外交？"接下来，教师会给出一个简明易懂的定义："本国和外国的交际或交涉，叫做外交。"随即，教师会赋予这个定义沉重的色彩，告诉学生"我国近百年来，和外国交涉失败的事件很多"，并开始逐条列举失败事实。[43]由此，外交不再仅是知识精英和职业外交官的专业事务，而是每个普通读者都可以为之感到忧虑和愤恨的创伤。

以"失败史"或"痛史"来概括中国对外关系是一种宏观的结论和情感。但是，普通读者更需要简单且具象化的解释来理解何为"失败"。一方面，这需要详细的数据和事实；另一方面，这些信息要在有限的篇幅内、以最直观的方式向读者呈现。失地列表、赔款列表、租借列表、外国势力范围、不平等条约列表等表格是大众读物中常见的展现"失败"的方式。[44]这些列表以简明的形式说明条约中最关键的内容，包括割地以及租借位置、赔款金额、条约名称、签约国、时间、丧权类型等。它们将外交理论与实践中复杂的主权与领土问题具象为某年某月某日签订的某条约，并进一步将灵活多变的外交博弈概括为"条约名称—签约时间—丧失权益"的简明框架，更加强调对外交谈判的结果的认知。在学校教学中，此类表格也更容易成为教学工具，要求学生背诵。例如，在蒋恭晟的《国耻史》中，绪论之后列举了失地表、赔款表、军港租借表、势力范围区域表。[45]在失地表中，第一个列举的是香港，"丧失期"为"道光二十二年"，"失地面积"为"三百四十方里"，"关系国名"为"英吉利"，并备注"订江宁约被割"。[46]在赔款表中的第一项为《江宁条约》，"赔款"为"21 000 000元"，"时期"同为"道光二十二年"，"关系国名"同为"英吉利"，"事由"为"鸦片战争"。[47]这种呈现方式简单明了，无论是低年级学生，还是不具备外交学理基础的普通民众，都能对由"外交失败"导致的疆域萎缩、财富流失一目了然。特别是其中描写土地面积和赔款金额的数字，更可以加深他们对"失败"的认识。

以中国及周边地区地图为基础绘制的中国失地图、国耻图是另一种常见的具体阐释“失败”的方式。失地图、国耻图广泛应用于面向各群体的教学中。在小学阶段的社会、历史、地理科目的教学中，悬挂、观察失地图是介绍边疆地理时的常用教学方法，教师也会带领学生亲手绘制失地图。[48] 失地图也被纳入适用于中学教育使用的参考地图集中。[49]

地图是一种可以直观展示失地地理位置的媒介。相比于失地表而言，不熟悉地理边界和中国详细地理的一般读者在阅读地图时，可以更容易识别失地所关联的省份、城市以及划定其范围的山脉、河流等自然地理标志的方位。例如，谢彬在《中国丧地史》中，在《清代盛时版图》一章用文字详细描述了中国及藩属各部领土的位置以及面积，并详列领海以及海峡的位置和权利归属情况。[50] 与之相对应的，书中还附有《中国丧失领土图》，用不同的标注说明了中国旧有领土、藩属领土、朝贡国之所在，以及因战败割让、赠予、勘界、遗忘而丧失领土的具体年代。[51] 以该图对香港失地的描述为例，谢彬在画幅为 32 开本的中国及周边藩属国和朝贡国的整幅地图中，用阴影范围标识出了香港失地的位置和范围，并在旁注明 1842 年。在这样尺寸的画幅中，图中能显示的细节是有限的，但是读者可以迅速对香港的地理位置及其同周边的关联形成初步印象。

另外，地图上的阴影标注是极为直观的。那些不具备丰富地理知识的读者，也可以充分知晓中国边疆地区大片失地的现状。例如，地图上连成大片的阴影清晰地展现了在东北和西北边疆与俄国接壤地区国土沦丧以及中国对周边藩属国多已丧失权利的现实，使读者更易理解近代以来沿海地区受到侵略和失权的危险。这个过程将抽象的外交和主权概念转变为具体的空间感知。并且，失地图往往凭借今昔版图对比，呈现中国版图形状大幅萎缩的整体变化，形成直观的视觉冲击效果。通过这些方式，“外交”被构建成为一个可被具体感知、具有明确结果的对象。

不过，在“失败”之外，中国外交也有“胜利”的时刻。各类大众读物常提及的一个“荣誉”时刻是中俄签订《尼布楚条约》之时。诸多作者认为，彼时清朝国力强盛、兵力占优，因此在同俄国签订条约时居于优势地位。如同刊载于《小朋友》中的《尼布楚条约》一文的行文逻辑，中小学国语、历史等科目教材在谈及该条约时，多引导学生从战争、国力的视角理解该条约。例如，《新制中华历史教授书》专门提示教师通过《尼布楚条约》之例影射国力与外交的关系，即“国势强盛，外人亦不敢肆其野心也”[52]。邱祖铭在《中外订约失权论》中亦认为“在康雍之际，国势方张，俄能就我范围”[53]。在“强国力”“强兵力”的叙事逻辑下，大众读物尤为关注清军在对俄交涉过程中的用兵策略，特别是萨布素和索额图在谈判陷入僵局时分别从水路和陆路兵进尼布楚并围城，使俄国重回谈判的事迹。1935年出版的《清史通俗演义》在《台湾岛战败降清室，尼布楚订约屈俄臣》一回则在描写此情节时另加备注“外交全恃兵力”[54]。1939年，《大同报》在报道萨布素将军后裔及官民纪念《尼布楚条约》签订二百五十周年的活动时，称赞萨布素将军是“智勇象征”，对俄国东进政策“予以致命的打击”。[55]由此，在围绕《尼布楚条约》展开的这场“例外的”，甚至是“唯一的”外交胜利叙事之中，隐藏在其背后的逻辑是强国力、强军力的胜利。

在通俗外交知识读本中，能否“克敌制胜”是其为外交定性的核心标准。在以外来侵略为主要线索的宏观叙事背景下，取得“胜利”的手段往往与军事行动相类似，具体表现为抵抗外来侵略和遏制帝国主义暴行。以《前期小学社会课本教学法》为例，其中“民国以来的外交失败史与国民外交的向上”这一教学单元，是为了帮助学生理解国民外交“向上”和“胜利”的目标是使“帝国主义者不敢十分显露其暴行”，并强调这有赖于国内外的共同努力。[56]外交行动的胜败之分也频繁出现在各式新闻标题之中，有关巴黎和会历史的分析也更细致地将其定义为“政府外交的失败”，但却是“国民外交的成功”。[57]在对日关系之中，对日经济绝交被视为“国民外交第一步的胜利”[58]。这些讨论都将“胜利”与“对抗”的结果直接挂钩，认为只有坚持对抗、拒不让步才能获得最大的胜利和成功，由此给“外交”定性。

与外交胜败的讨论并行的是关于“弱国无外交”的疾呼。在讨论外交胜败的现实语境之中，所谓“弱国”，就是国力孱弱，特别是武备落后、无法在战场上获取军事优势、遭受侵略和压迫的国家。所谓“无外交”，更准确而言，则是“无外交胜利”，其最直接的表现就是战败后订约、割地、赔款、丧权。因此，国人在理解“外交”时，应该像在战场应敌一般，重视国力的意义，尤其是军事力量，并以此为基础全力对抗。1932年《梧州民国日报》上发表了一篇题为《外交胜利全恃自己力量》的文章，称一位不具名的“外交某要人”谈到目前尚难以断定国联大会是否对我有利，但是“外交最后胜利仍全恃自己努力”。而他所说的“努力”却并非外交努力，而是军事行动。他称赞东北民众救国军总司令苏炳文领导的抗日作战“胜过外长百篇抗议，日代表万言演词”。[59]诚然，军事力量对于国家的重要性毋庸置疑。但是，随着“弱国无外交”与“军力决定论”二者相互交织，也使外交渐渐不再被大众视为一门需要专业基础的技艺或学问，而是现实军力较量的延伸。

## 五、胜利与失败：培育大众情绪

以胜败之论来界定外交，是一种简洁鲜明的方式。它帮助大众读者在纷繁复杂的外交实践中迅速识别出一条清晰的主线，将国家交往中的种种细节略去，直接聚焦于结果，并与中国所经历的历史及其面临的国际现实相关联，使其贴近普通读者的日常生活体验。同时，它以最具情感色彩的词汇——“胜利”与“失败”，以及最有力量感的行为——“对抗”——对国家间折冲樽俎的过程进行高度概括，使其不仅易于为普通读者接受，也便于在公众之间广泛传播。在中国遭受帝国主义侵略的历史与现实背景下，这种逻辑并非凭空而生，而是基于现实的反映。然而，在上述现实考量之外，它同样饱含充沛的情感诉求和政治目的。

“外交胜利”固然迷人，但是“胜利”的标准却难以界定。在使用“胜利”与“失败”来解释“外交”时，似乎只有全力对抗、毫不让步才可被称为“胜利”。反之，只要在任一议题上有所让步或者妥协，就是“失败”。所谓“胜利”，更是“全胜”“完胜”。在诸多大众读物盛赞《尼布楚条约》是在清军兵力占优的情况下取得的“胜利”时，也有批评的声音指责清廷没有乘胜追击，放弃了额尔古纳河以西的土地。在批评者看来，这恰恰说明清廷没有在外交中有效利用强大的兵力，反而在同俄国交涉时轻言放弃，并滋养了俄国的侵略野心。正如蔡郕在《清代史论》中所说：“外交之局有进寸无退尺，一或让步，彼即思逞，涓涓不绝。”[60] 萧一山在其《清史通论》中也谈道：“当满朝全盛之际，尚不能攘俄人于边外，以杜其蚕食侵略之野心。即会议开时，又不能据理力争，徒欲苟且了事，以表示大国怀柔之德，实不知外交为何物也。”[61] 王华隆则更详细拆解了清军“失败”的经过。在他看来，所谓兵力占优、拆毁俄城皆不能算为“荣誉”，因为“殊不知筑城于我堂奥之内，拆毁理之当然，未依法令其赔偿，已属特别谅解”。[62] 简而言之，在这些史家看来，《尼布楚条约》之所以并非胜利，是因为清廷没有追求“全胜”，更是因为清廷没有利用军力优势，反而在谈判中苟且退让。

这样的“胜败观”大大简化了外交谈判场上的波诡云谲，甚至也在一定程度上偏离了事实。外交实践中的“胜败”，原本就难以凭借即时的得失而定，而需要在更宽广的地缘政治空间和更长远的外交往来中思考其价值。在这个意义上，蒋廷黻对《尼布楚条约》堪称“光荣之约”的解释值得参考。他认为，中国取得领土划界的“成功”，是因为该条约之下的东北可称为“大东北”或“全东北”，地理位置优越、交通发达、海岸海口与山脉分界线齐备，而且康熙朝也未再受俄国的军事压制。军力和外交是清朝获此“成功”的两个关键要素。但具体而言，这是因为清朝的军力使其获得优势地位，同时也在“外交上替俄国留了余地”。正是清廷在军力准备和外交谈判两方面配合得当，最终成就了这个“有悠久光荣历史的”国际条约。更重要的是，该条约消弭了两国自17世纪以来的纷争，维持了双方接下来长达一个半世纪的和平友好局面，意味着两国在很大程度上执行了“外交须得遵守”的国际法原则，而非单纯的“外交全胜”。[63]可以说，蒋廷黻对《尼布楚条约》所蕴含的“光荣性”的概括和分析是适恰的。他在军事优势和外交策略之间并不偏倚，而是赞其平衡配合之道；在谈及“成功”时则兼顾清朝获得的现实利益以及该约为两国长远和平交往奠定的基础。

以“胜利”与“失败”判定外交的结果，是对复杂现实有选择性的凝练，同时也是带有情绪偏好的表达。“外交胜利”往往附带着评述者的喜悦，而“失败”则承载批判和愤怒。因此，前文提及的“失败史”“侵华史”“丧地史”等更是“外交痛史”“国耻”和“国难”，将外交失败同民族耻辱与国民之痛挂钩，使民众对外交事务和国家诉求“奔走呼号”，而非如之前一般漠不关心或一知半解。[64]“九一八”事变之后，出版界迎来了“国难”主题图书的出版高潮。东北问题研究会出版了一系列有关中国国难、痛史的作品，诸如《国难须知》《国难痛史》《九一八后国难痛史资料》等。[65]这些书籍和刊物一方面讲述日本侵略中国的现实，另一方面更强调中国因军事失败和外交失败经历的耻辱以及付出的惨痛代价，进而凸显情感上的悲愤。1936年，教育部通令全国开展“国难时期教育”并发布“国难教育方案”，旨在使全民都能够在国难之时坚定不移、救亡图存。[66]这构成了整个30年代的出版基调。

在这些悲愤的情绪背后，胜败论也蕴含着现实的政治考量。“胜败”不仅是对外交结果的评判，更是对导致这一失败结果的政权的消极评价。徐国桢在《近百年外交失败史》中将中国百余年来“外交失败”的原因归结为“清廷的昏聩”和“军阀的自私”。[67]事实上，在民国大众外交知识读本中，晚清朝廷和北洋政府是最常受到批判的政权。前者签订丧权辱国的条约导致中国割地赔款；后者以“修约”为指导，而未坚持废除不平等条约。对“败因”的分析同样服务于国民政府的现实政治目的。一方面，批判晚清政府和北洋政府是对国民党政权的合法性及其倡导的“革命外交”的正确性的支持。另一方面，这也帮助国民党政权调动民众在其组织下参与国民外交运动、积极抵抗、争取胜利。《绘图官话国耻演说》开篇的一段话以极其浅显的语言展现了这一目的，即

"古人有句话，前面一辆车子翻覆了，后面跟上去的车子，就要格外小心谨慎，不敢放胆的跑。从前满清时代，受外国人的欺侮，打了几次的大败仗，吃了无量数的苦处，既要割地，又要赔款。满洲的政府，以及糊涂的亲王大臣们，就如顽皮小孩子一般，打了几下子手心，停歇一会儿，他又嘻嘻憨憨的顽笑了。我中华民国万不可如此糊涂，须要拿满清所受的苦处，当作镜子一般，常常看见，刻刻警戒"[68]。

至1943年，中国同美、英两国签订废除治外法权新约时，国民政府在政府公文、党报、官报等多种媒体热切宣传这是在国民党领导之下取得的外交功绩，以此提升国民党的"威望"。[69]

以"胜利"或"失败"论外交，这种表达方式本身是简洁明了的。但是，事实上，诸多论者难以给出一套能目及长远并从多元维度评定何谓胜败的标准体系。同时，"胜败"之论更附丽了丰富的政治情感，容纳了复杂多样的现实目的。在民国初年中俄交涉、20年代同苏俄商讨废除俄在华特权、30年代东北危机爆发的背景中，前文多次提及的《尼布楚条约》再次掀起了争论热潮。支持者认为它是最"荣誉之约""胜利的""唯一不失败的""有利的""尚称平等的"，反对者则抨击它放弃额尔古纳河西岸之举开启了中国"失地之始"，并由此批判清廷懵然无知。这不仅是对《尼布楚条约》的"个案"之争，更是在中俄两国实力进退变化的环境中以及中国东北地区面临的动荡国际关系形势之下，对于政权与国民应该如何保卫国土的现实政治反省。[70]

## 六、战争与军事的渗透

自20世纪起，中国深陷内外战争。在战争的背景下，军事胜利是最终目标，也占据更优先的地位。在经历了一战后短暂的理想主义期待之后，国人越来越相信军事胜利是外交胜利的基础，也越来越相信只有战场上的全胜才能确保国家在外交谈判中占据优势地位。否则，外交将沦为无根之木、无本之源。因此，一种流行的观点是，在外交与军事相辅相成的关系中，尽管外交的作用不容忽视，但是更应该使其成为配合军事行动的助力器。严衍钧在《全面抗战与国民外交》中强调，现代战争不仅是全民族武力的决斗，而且要“以全民族的智力”来制胜。他特别指出该书是在一战休战19周年的纪念日1937年11月11日完成的，这不由得使人们回想战后欢呼企盼的“世界永久和平”，然而也慨叹各国战后签署的一系列保障世界和平的联盟条约早已被日本在东亚的侵略扩张所粉碎。因此，在战争风险日益向全世界蔓延的背景中，军事与外交努力都不可少。他提醒民众：“不要忘却动员我们的智力，运用我们的智谋——国民外交，与我们的武力互相配合以制敌。”[71]

在国民外交运动的发展历程中，外交胜利和军事胜利一道被视为中国的现实追求和国民应该为之努力的方向。正是在中国面临日益紧迫的战争危险的背景中，诸多外交刊物诞生了。[72]正如《外交月报》的发刊词中提出的那样，在“国界仍然存在，民族相互对立的时代”，一个民族的“生存与发达”就不再仅仅依靠自身内部的团结努力，“自卫的军备”和“明敏的外交”是“对外应当努力的大事”。并且，军事和外交二者都应该“国民化”。所以，“人人都要具备军事和外交的常识；时时都要明了国际的大势，集中力量去维持民族的独立自由和平等”，只有这样才能保证内政不受到暴力干涉。[73]军事与外交成为最重要的两项国民任务。

在调动全民参与战争的背景之中，军事化语言逐渐被移植到有关国民外交的讨论中。大众外交读本也依此重新定义“外交”。相比于学者专著，大众读物和基础教育教材更直接强调外交的“战争”属性。在张弼的《现代外交基本知识》中，他认为无论是中国古代外交思想中的“合纵连横”“远交近攻”，还是西方近代外交学家和职业外交官提出的依靠智慧、使用和平手段处理国家间关系，都“偏于表面”，无法概括外交的本质。在他看来，只有英国经济学家霍特里（Ralph George Hawtrey）对外交的解释最为“适切”。霍特里在《主权的经济维度》（*The Economic Aspects of Sovereignty*）一书中，从国家对经济资源争夺的视角出发解释战争的起源。张弼也援引霍特里的方法来揭示外交的实质，即帝国主义国家之间的冲突并未随着世界大战的结束真正平息，而是“隐藏于外交的形式下”，在“冲突还没有发展到爆发为公开的武力战争时，他们就从事于外交的战争”，所以“外交是潜在的战争”（diplomacy is potential war）。[74] 张弼用一整套军事化的语言描述了外交机构的运作。在“潜在战争”的“前线斗争”之后，有“坐镇后方”的“参谋指挥部”，这就是各国的外交行政组织，“元首的外交权”“立法机关的外交监管权”“实际指挥作战的外交部”都包括在其中，它们“指挥这些外交代表去从事作战”。[75]

在日本侵华的背景中，以战争的性质来定义外交成为普遍之举。在郭节述翻译尼科尔森的《外交学》时，在译者序言中也用“潜在的战争”来描述外交的特征。[76] 在民国教育部播音委员会出版的供青年自习所用之播音讲稿中则直接使用了“外交抗战”的概念，强调只有把“外交抗战和军事抗战配合起来，才能保证我们抗战的胜利”[77]。值得一提的是，外交抗战的概念并不等同于抗战外交。后者是国民政府在抗战中具体的外交实践。前者则更强调外交本身是“没有硝烟的战场”，是抗战的一种方式，以战争的逻辑和特征来界定外交。与此同时，“外交战”的说法也越来越频繁见诸报端。特别是在1932年以后，更多宣传手册、报刊文章、知识读本以“外交战”来描述国家间通过外交手段争夺资源、维护自身利益的历史与现实。诸多作者不仅使用“外交战”来指涉中国对日以及在国际会议中的外交实践，[78] 而且用于描述各大国之间的联络和争夺。[79] 这些事务原本可以通过“外交”一词概括，但是在军事冲突在世界范围内不断扩散的背景中，一切事务都披上了“战争”的外衣。南京国民政府参谋本部次长杨杰在《我国国防问题》中说明，一战之前，国民认为国防仅是军备的问题，也仅涉及战场士兵和后勤人员。

但是，一战之后越来越多人意识到，国防不仅是武力和军备问题，国内社会一切事务和一切人员都与之相关。因此，除了“武力战”之外，还有“外交战”“经济战”“思想战”，等等。[80]刘为章在“国防科学丛书”之一的《现代国防常识》中则更细致地将战争区分为武力战、经济战、政治战、外交战、思想战、宣传战六种形式，并详解它们之间应该如何相互配合。[81]战争的逻辑在社会各领域蔓延。随着这些军事国防科普读物的传播，用战争的思维审视外交逐渐成为一种为各界接受的标准尺度。

在如战场一般的外交活动中，民众参与是有价值的“武器”。1930年，毕业于上海法科大学法律系，而后担任中央陆军军官学校、宪兵学校教官的洪钧培编写了《国民政府外交史》一书。在书中，他强调欲求外交胜利必得唤起民众为后盾，否则就如同“战争抛弃武器，未有不败者”[82]。曾虚白则在更早时候就将对日经济绝交视为国民外交第一步胜利，也将其定义为“我们必胜的武器”。[83]陈耀东在《国民外交常识》中提出的“刚性的国民外交”概念则全方位地展现了外交概念的战争性。在陈氏看来，国民外交活动的对象不是一般意义上的国家，而是“敌人”，因此有“对敌不合作”“对敌经济绝交”“对付敌人”之说。如其所述，当政府外交一意孤行地“媚外”“处处妥协”且“不以国家利害为前提”，那么国民就可以“最有效力的方法，直接对外”。这里的“对外”更意指同外部势力“对抗”，而非经典外交学概念之中的“对外交往”之意，是“国家存亡关头，国民不得已所取之必要的手段”[84]。这种对战争对抗性质的强调奠定了大众外交知识读本的写作基调，战争的一系列特性也由此建构了面向大众的外交概念传播。

事实上，战争对传统外交学研究的影响同样发生在欧洲和美国。一战之后，有关外交无用论的批评在欧洲同样盛行，如斯图尔特·默里所言：“外交理论和实践的繁荣在20世纪戛然而止。”[85]在二战之后和冷战期间，对于外交价值的质疑以及国家实力与地位的追求则更加突出，外交在实践和学科中逐渐被边缘化。[86]在20世纪上半叶的战争中，基于国际政治现实中的弱肉强食来界定外交成为了潮流。在战争接连发生的背景中，知识界对国际会议和国际调解的失望情绪削弱了精英外交实践和外交学研究的吸引力，使更多学者转而更关注丛林法则下的大国政治、追求凭强实力赢得完全胜利。

20 世纪上半叶的中国同样经历了从一战后初期理想主义的幻灭到再次卷入世界大战的过程。如赵思洋所说，“民国学人（特别是 20 世纪 30 年代之后）有意识地将第一次世界大战之后的国际政治现实和 18 世纪霍布斯式的无政府状态联系在一起，从马基雅维利式的外交和国际均势的历史话语揭示出国际政治的现实主义本质”[87]。就研究主题而言，抗战时期的中国外交学研究更聚焦于边疆与国防战略问题、世界战场、国际援华、中国战争前途等实用问题上。[88]

20 世纪上半叶的中国经历了漫长的内部动荡和军事冲突。在整个 20 世纪 20 年代之后的中国，特别是北伐战争之后的中国，战争已经成为自上而下、历届政府、各党派的中心议题。特别是在国民党的话语体系之中，培育“尚武”精神，摆脱“东亚病夫”的形象，祛除羸弱之气，已经成为其民族主义话语的关键特点之一。[89]这样的精神特点在外交知识的介绍中显而易见，诸如简易区分胜败、重视力量优势、追求士气全胜等。特别是在日本侵华、全面抗战开始之后，战争中的军事冲突、胜败宣传、物资供应、激励动员已经成为民众生活中的一种日常。几乎一切国内国际事务都与战争紧密相关。各界有关外交事务的探讨也愈来愈展现出鲜明的军事化特质。同时，全面抗战也是一场全民抗战，无人置身事外。这逐渐成为一种社会共识。只有调动最广泛的资源、在全国乃至全世界的华人中进行全民动员，才能取得抗战胜利。一系列号召全民抗战的宣言和作品应运而生。教育部社会教育司编辑了《全民抗战》系列讲演，是教育部播音小丛书的一种，向城市、农村、青年、学生、工人、妇女各个群体讲述应该如何参与抗战。[90]1938 年 7 月 7 日，在纪念抗战一周年时，邹韬奋、柳湜等人将邹韬奋在上海创办的《抗战》和沈钧儒在汉口创办的《全民周刊》合并为《全民抗战》，希望以此统一意志，并在全民动员的感召和教育上发挥更大的作用。[91]正是在战争的日常之中，民众走近外交。胜败、强弱这些带有突出的军事话语色彩的语汇也迅速涌入公众对外交事务的理解之中，占领外交表达的高地。

然而，这并不意味着外交的经典学理、技艺和实践完全走向消亡。事实上，对于习惯于仰赖和平的手段、智慧和计谋、关注国际法和条约的外交学研究者和外交官而言，他们并不避讳在其专业著作中探讨战争与外交的关系。在他们的学理建构和实践指南中，军事与外交本是不可分割的两面。杨熙时在《现代外交学》的开篇就说明："世界上的任何民族，都有其独立的生存之权。要得到这种生存权，或维持之而不失，则军备与外交，为对外不可少的二大要素。"[92]刘达人在说明帝国主义国家外交的本质时也引述日本政论家稻源治胜对外交的定义，即"和平之战争即是外交；不和平之外交即为战争"，并进一步解释道，"外交与战争之形态与方法虽异，而其目的则一，不过因时而异"。[93]如若向更早追溯，处理国家间战争与和平问题的国际法本身就在欧洲外交学理论的起源和发展中扮演了重要的角色。格劳秀斯论述战争与和平的国际法著作成为欧洲外交学家谈论外交理论时无法忽视的学理依据。[94]

尼科尔森在其经典论著《外交学》中也说明了16世纪以后外交理论中的两个分支。其一可以称为"英雄的或战士的"外交理论，其目的是获得政治优势，特别关注"国家的光荣、地位、优先权和威信"。其二，可以称为"商务的或市侩的"，目的是获得经济上的利益，常常"企求息事宁人、和解、妥协和信誉"。前者的基本信条就是"得胜"，只有"获得完全的胜利"，才不算是"失败"的外交。所以，它的战术同战争战略一样，比如用各种方法"打击敌人，以削弱敌人的势力"，"声东击西"，"威胁、残暴和武力同时并用"，等等。在这种外交观下，所谓协定、信义、公平都不可靠。国家一旦让步，就代表它的实力衰弱；如果一国得胜，则意味着它将以此为基础展开进一步掠夺。后者则建立在另外一种假设基础上，即各国互相妥协让步比激烈竞争和同归于尽对其更有利。因此，谈判缔约“不是拼死的争权夺利，而是双方互相让步”，从而达到“永久性的了解”。两个缔约国之间可以找到一种折衷的办法，以和平的方式解决利害冲突。为此，两国需坦白商讨，以“人类正常的理智、信心和公理”展开交涉。[95]

尼科尔森认为“英雄的或战士的”外交理论是源自欧洲封建时期以政治和军事为前提的外交理论的残留。[96]但是，这两种思路并非永远泾渭分明，也时常出现交叉和相互渗透。事实上，在国家间冲突与战争仍然存续的现实中，受到军事思维影响的外交理论从未消失。在不同时代的背景下，不同性质的战争赋予了它不一样的具体表现方式。殖民国家关注如何通过外交实现殖民扩张；弱小国家则怀疑国际信义和条约在强权政治之下的约束力，更关注如何通过外交保卫国家，如何凭借外交手段为战时赢得更多资源和国际支持乃至争取战争全面胜利。至于如何通过国家间协调和妥协避免战争的发生以及如何通过相互妥协促使双方握手言和、谈判和解则并不具有吸引力。这是因为它们是软弱和丧权的表现。

因此，与其说战争导致外交的式微或消亡，不如说这是外交理论和实践的两个分支此消彼长。在中国战争的背景中，专业外交学教材和大众读物在解释外交概念时走上了两条不同的道路。专业外交学教材更重视讲述外交制度与规范、不同国家外交机构和人员派遣，以及多种外交文书的起草等问题；大众读物则更关注国家力量强弱对比、军事战场与外交“战场”上的胜败之分、民众是否能与政府同仇敌忾发挥其作为“外交”武器的作用。专业外交学教材更重视以准确的语言培训学生如何在现实中了解、适应、应用业已成型的制度和规则，使其职业活动符合当时的规范并以此实现国家外交目标。大众读物则更强调反抗侵略，旨在使民众认识到中国在国际上遭受的悲惨境遇，起而斗争，所以其语言也带有鲜明的抗争情感色彩。大众外交知识读本以外来侵略为线索、以战争特征为底色重新书写中国与世界的关系，在中国面临的国际、国内冲突的现实背景中，为这项原本属于“西方精英的知识”赋予了中国本土的元素。

## 七、结语

以胜败定外交，这使大众在接触外交时可以过滤掉那些艰深的外交理论和灵活多样的外交技艺，使原本属于精英的外交实践以简单明了的面貌走向普通大众。这样简洁的思维和表达也引发了忧虑。《外交月报》在提醒大众关注外交之时，也在其《发刊词》中揭示了敌友关系的复杂性：

> 在这复杂且极矛盾的国际社会里，尤其是大震撼大崩溃的前夜，哪里是我们的出路？哪里是我们的死门？谁是我们的朋友？谁是我们的敌人？许多敌人中，哪一类的问题，会含着友性？如何去利用？或是使他们分化？许多朋友中，哪一类的问题，会含着敌性？应当怎么防范或是调和？就是如何才最能维持我们的生存，同时增进大家的福利？这一切的一切，都要站在现代外交的意义上，来批评，研究，主张，总求得到精确的认识和光明的进路。若是认识不清，并没一定的方针，来集中力量去做，只是头痛医头，脚痛医脚去招拦抵架，以为外交不过是应付；或是抱着逆来顺受，听其自然，以为外交只在了事；或是卤【鲁】莽灭裂，侥幸暴弃，以为外交如同魔术。那危险真不堪言状了！[97]

在中国抵抗外来侵略、追求民族独立的背景中，对外交概念的凝练和概括固然反映了现实，但是也选择性地回避了外交实践中更复杂、多变的时刻。于是，在外交于大众之间流行起来之后，如何在精英技艺与大众知识二者之间寻得平衡，成为更值得关注的议题。

## 注释

1. 王铁崖：《中外旧约章汇编》第1册，北京：生活·读书·新知三联书店1957年版，第1—2页。该约以满、俄、拉丁文三种文字签订，现存汉文条约有依据签约的满、俄、拉丁文本翻译而来的版本，也有依据法国传教士张诚所记法文本、赫德编辑的海关收录条约的英文本（译自拉丁文本）等其他版本翻译而来的汉文本。各版本之间在用词、文气等方面略有差异。该引文为双方签订的拉丁文作准文本汉译。

2. 佚名：《平定罗刹方略》（光绪潘氏刻功顺堂丛书本）。《圣祖仁皇帝实录》，卷143，第14页b，第15页a、b。

3. 参见：贾桢等编：《筹办夷务始末（咸丰朝）》第4册，北京：中华书局1979年版，第1489—1494页。The Inspector General of Customs, *China, Treaties, Conventions, Etc., Between China and Foreign States*, Vol. 1, Shanghai: Order of the Inspector General of Customs, 1917, pp. 3—13. 参见，施绍长：《中俄国际约注》，上海：商务印书馆1905年版，“中俄国际约注目次”，第1页a、b。

4. 参见，何秋涛：《朔方备乘》，第8卷《北徼界碑考》，清光绪七年刻本，第2页b—第17页a。曹廷杰：《东北边防辑要》，辽海书社1935年版，第5页a—第15页a。西清：《黑龙江外记》，上海：商务印书馆1936年版，第11—12页。钱恂：《中俄界约斠注》，武昌：质学会刻本1897年版，第1页a—第6页b。施绍长：《中俄国际约注》，上海：商务印书馆1905年版，卷1，第1页a、b。邹代钧：《中俄界记》（曾寅校订本），武昌：武昌亚新地学社1911年版，“中俄界说摘要一览表”，第1页b。

5. 井花：《尼布楚条约》，《小朋友》1928年第320期，第36—37页。

6. 黎锦晖：《小朋友创始时的经过》，《小朋友》1931年第482期，第6页。

7. 李育民：《晚清“人臣无外交”的异变及其趋向》，《史学月刊》2019年第7期，第60—67页。

8. 贾桢等编：《筹办夷务始末（咸丰朝）》，第2679页。贾桢等编：《筹办夷务始末（同治朝）》，北京：中华书局2008年版，第343—346页。

9. ［美］王栋：《中国的不平等条约：国耻与民族历史叙述》，王栋、龚志伟译，上海：复旦大学出版社2018年版，第48—49页。

10.《外交官领事官考试法》，1919年，文官考试事务处：《文官考试法令》，文官考试事务处印行，第12—15页。中华民国最早于1915年颁布《外交官领事官考试令》，1919年颁布的是修订后法令，为第九号政府法令。1915年考试令见，商务印书馆编译所：《中华民国法令大全补编》，上海：商务印书馆1917年版，第34—36页。

11.《非国民政府统治下各种考试不能承认案，民人考取高等文官张鹤书等呈本院文（请援照法官律师先例准予承认从前考试合格外交官文官资格）》，载考试院秘书处：《考试院公报》第三期，南京：考试院秘书处编印1931年版，第23—25页。本文件中，张鹤书提出很多北京政府时期的律师、法官仍被留用，但是唯“从前考试合格之外交官及文官是否有效、仍留原资，则寂然而无闻也”。张鹤书认为北京政府的外交官考试非常复杂，内容繁多，其难度不在律师和法官考试之下，因此请求南京国民政府仍能承认北京政府时期的考试结果。但南京国民政府认为，张鹤书所提及的律师和法官仍被留用之事并无实据，而且前政府的文官考试也不能与现政府的考试“等量齐观”。

12.《驻外使领馆职员任用考试条例》，载《国民政府现行法规》第5类，上海：商务印书馆1930年版，第1—3页。

13.《高等考试外交官领事官考试规则》，载考试院参事处编：《考铨法规集》(第1辑)，南京：考试院秘书处1947年版，第220—221页。该规则首次颁布时间是1930年，后于1931年、1933年先后修订。

14. 宋善良：《外交指南》，上海：商务印书馆1936年版，第3页。

15.《外交系课程表》，载中央政治学校编印：《中国国民党中央政治学校课程一览》，1932年，第79—80页。

16.《校闻：大学部各年级各系组本学期课程规定》，《中央政治学校校刊》1935年第87期，第4—6页。

17.《外交系增设外交领事实务特别演讲》，《中央政治学校校刊》1937年第123期，第4页。

18.《四年级生专题研究敦请专家到校演讲》，《中央政治学校校刊》1944年第239期。

19. 章进主编、朱家治等编：《中国外交年鉴（民国二十三年一月至十二月）》下编，上海：世界书局1935年版，第162—175页。

20. 张弼：《现代外交的基本知识》，上海：生活书店1937年版，第1页。

21. 同上书，第3页。

22. 同上书，第2页。

23. 国民外交丛书社：《近代中日关系略史》，“编辑凡例”。

24. 左双文等：《折冲之道：以颜惠庆、傅秉常、张忠绂等为中心》，北京：社会科学文献出版社2021年版。第539页。

25.《发刊词》，《外交月报》1932年第1卷第1期，第3—4页。

26. 国民外交丛书社：《近代中日关系略史》，第1—2页。

27. 国民外交丛书社：《中国交通与外国侵略》，上海：中华书局1928年版，第6—7页。

28. 国民外交丛书社：《中俄关系略史》，上海：中华书局1926年版，第4—20页。

29. 代表著作如，Julia C. Strauss, *Strong Institutions in Weak Polities: State Building in Republican China, 1927—1940*, Oxford: Clarendon Press, 1998; Hans van de Ven, *Breaking*

*with the Past: The Maritime Customs Service and the Global Origins of Modernity in China*, New York, NY: Columbia University Press, 2014。

30. 国民外交丛书社：《近代中日关系略史》，第1—8页。

31. ［美］李怀印：《重构近代中国：中国历史写作中的想象与真实》，岁有生、王传奇译，北京：中华书局2013年版，第7页。

32.《发刊词》，《外交月报》1932年第1卷第1期，第7页。

33. 廖德珍：《外交学概论》，第1页。

34. 杨振先：《外交学原理》，第1—2页。

35. 杨熙时：《现代外交学》，上海：民智书局1931年版，第2页。廖德珍：《外交学概论》，第2页。杨振先：《外交学原理》，第2页。

36. 杨振先：《外交学原理》，序，第1页。

37. 谢彬：《中国丧地史》，上海：中华书局1927年版。徐国桢：《近百年外交失败史》，上海：世界书局1930年版。邱祖铭：《中外订约失权论》，上海：商务印书馆1927年版。黄孝先：《帝国主义侵略中国史》，上海：商务印书馆1931年版。

38. ［日］陆奥宗光：《日本侵略中国外交秘史》，龚德柏译，上海：商务印书馆1933年版。2018年，北京三联书店再次出版了中译本，其题为《蹇蹇录·甲午战争外交秘录》。见［日］陆奥宗光：《蹇蹇录·甲午战争外交秘录》，赵戈非、王宗瑜译，北京：生活·读书·新知三联书店2018年版。

39. 参见，计志中、卫楚材：《新学制常识教授书》第8册，上海：商务印书馆1925年版，第91—101页。舒新城：《新中学公民课本》第3册，上海：中华书局1934年版，第1—11页。吴研因：《新法历史教授书》第4册，上海：商务印书馆1921年版，第74—75页。国立浙江大学编：《三民主义教学的方法》第6册，杭州：国立浙江大学1929年版，第15、17页。

40. 谢书在1927年至1936年间多次重印，起初是中华书局出版的常识丛书之一种，后又被纳入初中学生文库中。徐书是很多中小学史地教材和教授书的参考书目。邱书是商务印书馆出版的百科小丛书第五十八种。黄书是王云五主持的商务印书馆出版的《万有文库》第一集中之一种。该套丛书以通俗读物为主，以更经济的价格，广受各地图书馆欢迎。此外，谢书、黄书、龚书都被列入中学图书馆最低限度书目之中。见赵传家：《中学图书馆最低限度书目》，上海：华东基督教教育会1932年版，第139—141页。

41. 谢彬：《中国丧地史》，第1—3页。

42. 徐国桢：《近百年外交失败史》，第203—205页。

43. 计志中、卫楚材：《新学制常识教授书》第8册，第91页。

44. 参见，王益厓、周立三：《初中本国地理》第4册，南京：正中书局1935年版，第84—85页。曹玉麐：《本国地理》下册，上海：商务印书馆1940年版，第286

页。陆光宇：《新撰初级中学教科书本国史》，上海：商务印书馆 1928 年版，第 201 页。邵玉：《民众地理课本教学法》，上海：世界书局 1930 年版，第 113 页。

45. 蒋恭晟：《国耻史》，上海：中华书局 1932 年版，第 6—9 页。

46. 同上书，第 6 页。

47. 同上书，第 8 页。

48. 参见，何思瀚等：《新生活教科书小学校高级教师用社会教学做法》第 3 册，上海：大东书局 1934 年版，第 193、200 页。袁昂等：《新生活教科书社会教学做法》第 8 册，上海：大东书局 1933 年版，第 116—117 页。王铭玉等：《初小社会教学法》第 7 册，上海：世界书局 1934 年版，第 30—31 页。徐映川：《复兴历史教科书》高小第 4 册，上海：商务印书馆 1933 年版，第 9、12 页。宋子俊：《高小社会科地理编教学法》第 2 册，上海：世界书局 1934 年版，第 24、177 页。南京女子中学实验小学：《小学公民训练实施方案》，上海：中华书局 1933 年版，第 190 页。《青海省二十五年度实施失学民众补习教育详细计划》，载教育部社会司编：《各省市实施失学民众补习教育计划汇编》，1937 年，第 236 页。

49. 白眉初：《最新中华建设新图》，北平：世界日报馆 1935 年版，第 4 页。洪懋熙：《最新世界形势一览图》，上海：东方舆地学社 1931 年版，第 6 页。

50. 谢彬：《中国丧地史》，第 7—11 页。

51. 谢彬：《中国丧地史》，上海：中华书局 1936 年版，《中国丧失领土图》。

52. 汤存德：《新制中华高等小学历史教授书》第 6 册，上海：中华书局 1913 年版，第 5 页 a、b。

53. 邱祖铭：《中外订约失权论》，第 74 页。

54. 蔡东藩：《清史通俗演义》第 2 册，上海：会文堂书局 1925 年版，第 168 页。

55.《尼布楚条约纪念祭》，《大同报》1939 年 9 月 29 日，第 10 版。

56. 唐卢锋、戴渭清：《前期小学社会课本教学法》第 8 册，第 98、101 页。

57. 万仲文：《中国外交之史的分析》，南宁：广西建设研究会 1940 年版，第 101 页。

58. 曾虚白：《我们国民外交第一步的胜利》，《国难》，出版时间未知，第 76—79 页。

59.《外交胜利全恃自己力量》，《梧州民国日报》1932 年 11 月 23 日，第 2 版。

60. 蔡郕：《清代史论》第 4 卷，上海：会文书局 1915 年版，第 18 页 b。

61. 萧一山：《清代通史（二）》，北京：中华印刷局 1923 年版，第 52 页。

62. 王华隆：《东北地理总论》，北京：最新地理学社 1933 年版，第 60 页。

63. 蒋廷黻：《最近三百年东北外患史》，《清华学报》（单行本）1932 年 12 月，第 28—29 页。

64. 参见，《外交失败之感想》，《益世报》1919 年 5 月 17 日，第 6 版。梁启超：《外交失败之原因及今后国民之觉悟（一续）》，《国民公报》1919 年 7 月 7 日，第 2 版。

65. 陈觉：《九一八后国难痛史资料》，北京：东北问题研究会 1933 年版。东北问题研究会：《国难须知》，北京：东北问题研究会1932年版。

66.《教育部通令宣告国难时期教育宗旨》，《国难教育实施法与指导》，上海：生活书店1937年版，第1—2页。

67. 徐国桢：《近百年外交失败史》，第2页。

68.《绘图官话国耻演说》，出版信息不详，第1页。

69. 参见《时事新报社》社论：《国府命令与领袖文告》，1943年1月13日，《国民日报社》社论：《五十年外交奋斗之光荣》，1943年1月20日，《中央日报社》社论：《平等自由的光明灯塔》，1943年2月13日，林泉编：《抗战期间废除不平等条约史料》，第1016—1018、1031—1032、1039—1042页。事实上，与此同时，共产党也大力宣传党组织领导废除不平等条约运动中的重要历史功绩。参见，《中共关于庆祝中美中英间废除不平等条约的决定》，《解放日报》1943年1月29日，第1版。陈伯达：《评〈中国之命运〉》，《解放日报》1943年7月21日，第1版。

70. 赫佳妮：《外交胜败之争：中国近代"不平等条约"叙事中的〈尼布楚条约〉》，《国际政治研究》2022年第1期，第146—149页。

71. 严衍钧：《全面抗战与国民外交》，第1、46页。

72. 左双文等：《民众、公众舆论与国民政府外交研究》，合肥：安徽大学出版社2011年版，第50页。

73.《发刊词》，《外交月报》1932年第1卷第1期，第1页。

74. 张弼：《现代外交的基本知识》，第5页。Ralph George Hawtrey, *The Economic Aspects of Sovereignty*, New York: Garland Pub, 1983, p.71. 张弼在书中称霍特里为霍脱莱。

75. 张弼：《现代外交的基本知识》，第149—151页。

76.［英］尼科尔森：《外交学》，郭节述译，上海：商务印书馆1943年版，译者序言，第2页。

77. 俞汝鹏：《战时公民常识》，汉口：教育部播音教育委员会1938年版，第58页。

78. 参见，林众可：《外交战凯旋者：郭泰祺》，《天文台》第454期第2版，1941年4月14日，第1页。刘震世：《中日外交战线的开展》，《国防论坛》1936年第5卷第12期，第7—11页。符聿：《日内瓦的中日外交战》，《平明杂志》1932年第1卷第14期，第1—5页。凤凰：《中日之外交战》，《礼拜六》1932年第480期，第5页。

79. 参见，《关于意阿战争之外交战》，《世界军情画报》1936年第2期，第10页。《最近的世界外交战》，《新东方杂志》第8卷第2期，1943年，第31—32页。《一周简评：日俄的外交战》，《上海党声》第1卷第16期，1935年，第3页。《世界一周：英德外交战》，《统一评论》第3卷第10期，1937年，第1—2页。钱亦石：《英意的外交战》，《生活星期刊》第1卷第25期，1936年，第9页。《从日内瓦之外交战说到热河之武力战》，《长沙民报》1933年第10期，第1—3页。

80. 杨杰：《我国国防问题》，教育部社会教育司编：《教育播音讲演集——民众教育篇》第 2 辑上册，上海：商务印书馆 1940 年版，第 221 页。

81. 刘为章：《现代国防常识》，重庆：青年出版社 1942 年版。

82. 洪钧培：《国民政府外交史》，上海：华通书局 1930 年版，第 388 页。

83. 曾虚白：《我们国民外交第一步的胜利》，第 76—79 页。

84. 陈耀东：《国民外交常识》，第 246—247 页。

85. ［英］斯图尔特·默里：《外交学的复兴》，《国际政治研究》2012 年第 4 期，第 27 页。

86. 同上。Geoffrey Wiseman, "Bringing Diplomacy Back In: Time for Theory to Catch Up with Practice," *International Studies Review*, Vol. 13, No.4, 2011, p. 711. 张清敏：《外交的本质与崛起大国的战略选择》，《外交评论》2016 年第 4 期，第 16 页。高飞：《我国外交学研究的现状和主要问题》，《国际论坛》2007 年第 1 期，第 35—36 页。

87. 赵思洋：《反思国际关系史书写》，《世界经济与政治》2017 年第 12 期，第 140 页。

88. 陈迎春：《抗战时期的中国外交学研究》，《国际关系学院学报》2011 年第 2 期，第 18—19 页。

89. Hans van de Ven, *War and Nationalism in China: 1925—1945*, New York: Routledge Curzon, 2003, p. 24.

90. 教育部社会教育司：《全民抗战》，南京：正中书局 1938 年版。

91.《全民抗战的使命》，《全民抗战》第一号，1938 年 7 月 7 日，第 1 页。

92. 杨熙时：《现代外交学》，第 1 页。

93. 刘达人：《外交科学概论》，上海：中华书局 1941 年版，第 8 页。刘达人引自稻源治胜著《外交读本》，第 1 页。

94. 尼科尔森：《外交学》，第 21 页。

95. 同上书，第 33—35 页。

96. 同上书，第 33 页。

97.《发刊词》，《外交月报》1932 年第 1 卷第 1 期，第 3 页。

# 第二章 激情与纪律：让外交知识运动起来

在“外交”披上了“胜败论”的外衣之后，迅速吸引了普通民众的目光。从清末的拒俄运动、抵制美货、争利权，到民国初年的抵制“二十一条”运动、巴黎和会之后的五四运动、华盛顿会议后的抵制日货运动，普通民众在这些抗争运动中接触外交概念并参与外交实践。20世纪20年代，更多的国民外交学会、团体组织兴起，以“国民外交”的名义发起各类经济绝交、示威抗议、游行运动，也组织各类有关国际形势和对外关系的宣传讲座、编印报刊手册、创办期刊杂志。

随着追求“完胜”的外交在普通民众、日常读物、街头巷尾流行起来，新的担忧出现了。其中最大的担忧莫过于激烈的运动容易导致盲目排外。在诸多外交精英看来，即便民众之中潜藏的力量已经不容忽视，但是他们仍无法自发独立地胜任对外交涉事务。他们甚至批评缺乏基本外交知识的民众妨碍外交谈判的推进和协议的达成，这反而为外人提供口实。正如钱基博在《国民外交常识》中所言：“国民外交常识之未备、鲁莽从事、反足启戒心而滋口实。”[1]因此，如何处理民众参与对政府外交的影响是他们最关心的问题，使国民的参与既可以“增进外交之势力”，也防止国民外交运动“招致外交秘密泄露之弊”。[2]在民众参与已成为一种不可避免的现实的背景中，如何既发动民众参与外交，又能引导其在严格的规训中认识外交，从而充分有效地利用大众力量，这是本章要探讨的问题。

外交知识的大众化不是在书斋中自然发生的，而是在实践中被着意发动的。革命宣传和动员为运动起来的外交知识提供了充沛的情感动力。这使舶来自欧洲的精英外交概念得以扎根于国内的革命土壤，并在中国革命的基调下走向世界。然而，“运动化”的外交知识中潜藏着过于激烈、流于武化、情绪化的风向。所以，对运动的指导与控制同样重要。外交知识的“运动化”实质上是一种纪律与激情的平衡艺术。

## 一、重审“弱国无外交”

1929年11月，《生活周刊》收到了一封读者来信：

> “弱国无外交”，这句话已成为我国的口头禅了，大概的理由是凡办外交须有相当的军备作后盾，方有胜利的希望，否则任你有天大的外交手段，也是无济于事的。这种理论我信疑参半。盖我国对外一切的交涉几无一件完满的结果，像破天荒济南浩劫，照公理来讲，其交涉胜利定属我国，那【哪】里知道其结果会这样的使人失望呢？这样看来，弱国无外交，是无疑的了。那么，无军备可言的我国外交部却仍旧设立着，废约的声浪高唱入云，而其交涉结果，都是如强盗打官司，场场输。这些原因还是弱国无外交？抑或世界大国的不讲公理？或外交者缺乏才能？请你赐我一个详细的答复。[3]

《生活周刊》创刊于1925年，以城市平民大众为主要读者群体，刊文内容紧贴民生，社会影响力不断扩大。为了同读者直接交流，该刊开辟“读者信箱”栏目，解答读者在生活中遇到的大大小小的疑难问题。从求学教育，到就业任职，再到婚姻家庭生活，各类主题都囊括其中。《生活周刊》以读者的“一位好朋友自任”，回应读者提出的问题。上述有关“弱国无外交”的信件正是当年度周刊收到的两万多封读者信件之一。[4]

“外交”确实已经在普罗大众的日常生活中流行起来了。对外交问题的关注已经突破精英话语，深入聚焦民生百态、平民生活的大众周刊，而且激起了民众讨论的自觉与热情。然而，随着“弱国无外交”口号的广泛传播，如何解释其含义也引发了争议。军事基础和胜败结果固然重要。但是，若由此将外交简化为“弱国必败”，则既遮蔽了国际政治中的复杂现实，也削弱了“外交”的价值和意义，最终使“外交”沦为无用之物。因此，在“弱国无外交”成为一个响亮的口号的同时，也有越来越多的声音警醒大众不能因此忽视外交、放弃外交。各类大众读物也放眼世界其他“弱国”，不断提及他们如何在不同的“战败”或“屈辱”的历史情境中通过外交手段维护自身利益。

欧洲外交史上的“弱国”首先吸引了诸多论者的目光。这种关注并非偶然。国际法观念以及现代外交的经典概念和实践范式——依靠智慧、凭借和平手段处理国家间关系——正是在欧洲战争与冲突的历史中逐步成型的。在时评、教材、抗战宣传册、历史读物中，德法外交是他们经常讨论的对象。从19至20世纪，德法两国在多次交锋中，战胜国与战败国身份多次转换，为中国知识界思考“弱国外交”提供了丰富的历史镜鉴。最常被大众读物作者援引的事例之一是法国外长塔列兰（Charles-Maurice de Talleyrand-Périgord）在维也纳会议上的外交表现。1814年，拿破仑战败之后，塔列兰出任法国外长。在维也纳会议上，奥地利、俄国、英国、普鲁士主导局势，意将法国排除在外。但是，塔列兰援引《巴黎和约》（1814年）中的约定，使法国得以平等参会；提出“正统原则”，主张恢复拿破仑推翻的欧洲王室，借此争取奥地利等保守君主国的支持；并利用俄普在萨克森和波兰领土问题上合作引起英、奥不满之机，与英国和奥地利接近。最终，法国虽然失去了革命战争和拿破仑战争时期扩张的领土，但是保留了1792年的疆界，避免了领土肢解、巨额赔款以及其他严苛的惩罚性条约条款。20世纪30年代出版的中学教材、外交史参考读物、抗战系列丛书等作品在讨论德法争端以及塔列兰外交时认为，法国在战败的情形下，仍然能最大限度维持自身利益，同时仍有能力影响欧洲事务，依靠的是塔列兰的外交手腕，是塔列兰外交的成功，是“弱国有外交”的证明。[5]

与弱国的外交成就同样受到关注的，是弱国应该如何外交。诸多论者认为，德法之间处于“弱势”或者“战败”的一方往往在外交上克制表示，为其国内建设、重振民气赢取时间，以待时机。他们援引德法此举，批评“弱国无外交”口号的片面性和风险。例如，曾在巴黎政治大学学习外交、后在复旦大学讲授国际政治的袁道丰在其《辟弱国无外交说》一文中历数德法在战争中胜败交替，败者以低调、谨慎的态度进行外交的历史。1807 年，在拿破仑大败普鲁士之后，同普鲁士签订了极为苛刻的《提尔西特和约》，普鲁士由此丧失了大部领土和人口，并须支付大额赔款。在普鲁士无法抵御拿破仑帝国扩张，又被其他条约限制时，普鲁士改革的关键领导人施泰因（Heinrich Friedrich Karl vom und zum Stein）在对外政策上选择暂时与法国妥协，“忍辱负重，主张协调政策，宁愿忍痛于一时，而不愿逞一时之意气，致陷国家于永劫莫复之地”，直至维也纳会议签订《维也纳条约》最终取代了《提尔西特和约》。[6] 随着普鲁士国力的增强，德法之间的地位转换。1870 年，法国在普法战争中惨败后，在专注于内政的同时，采取了躲避俾斯麦强硬锋芒的“静默外交”政策。法国外长德尔卡塞（Théophile Delcassé）曾提出“法国静默以待”；甘必大（Léon Gambetta）也曾告诫国民“你们应当牢记着复仇，但永不应该高谈复仇”。袁道丰认为这尤其值得我国民“猛省”，因为“高唱口号徒增敌国之疑忌与压迫，反不若埋头苦干、实际准备之为愈”。直至 19 世纪末 20 世纪初，国力增强的法国与俄国和英国结成同盟，并在欧战中打败德国，战后签订《凡尔赛和约》。[7] 此后，德国再次面临丧失领土、赔款、军力受条约限制、民生艰难等一系列问题。20 世纪 20 年代，魏玛共和国外长施特雷泽曼（Gustav Stresemann）主张“唯实外交”，暂时同法国妥协以谋国力；同英国和美国加强联系以防法国进一步削弱德国；通过“忍受暂时物质的牺牲，以谋求解除外力的束缚”。而后德国签署《洛迦诺公约》，加入国联。袁道丰由此感叹：“昔为《凡尔赛和约》下的囚奴的德国，今已昂昂然跻于五大强国之林了！”[8]在袁道丰看来，正是施泰因、德尔卡塞、甘必大、施特雷泽曼等人通过审慎灵活的外交手段，才帮助战败的德国和法国赢得了国力恢复的时间和空间，从而扭转不利局面。

如果说19世纪欧洲距离中国稍远，那么邻国俄国和日本则无疑是中国的普通读者更熟悉的对象。无论在外交知识普及读本中，还是对外交往实践中，中国都是中俄与中日关系中受到帝国主义侵略压迫的“弱国”。在拒俄运动和抵日运动之中，国民也越来越高声疾呼中国“弱国无外交”的口号。但是，在具体讨论“弱国无外交”的含义时，诸多论者常援引当日俄在各自的外交史中身为“弱国”时尽力争取利益的案例。

屠景山围绕日俄外交的讨论是其中的代表。屠氏早年从事法律实务，后在法学领域执教，并出版多部法学著作。[9]在法学专业之外，他著有《中国的出路》一书，表达了他个人对于中国应如何应对内外危局的看法和呼吁。[10]19世纪中叶的日本同中国一样受不平等条约所困。1853年，在美国打开日本国门后，日本与英国、荷兰、法国、俄国等国签订条约，使其被迫割地、丧失关税自主权、许诺最惠国待遇等特权。但是，明治时期的日本通过一系列外交手段重新解释、修订或者重订条约，逐渐摆脱了不平等条约的束缚。[11]在1904—1905年的日俄战争中，俄国败北，但是在美国总统西奥多·罗斯福（Theodore Roosevelt）主导的调停下，与日本签订《朴茨茅斯和约》，避免了割地赔款等惩罚性条款。虽然俄国也失去了土地和一些国家权利，特别是其在中国东北的影响力迅速被日本赶超，但是俄国丧失的权利大多是其侵略扩张所得，不在其本土。[12]对于中国的大众读者而言，他们更熟悉的是日俄的武力扩张和军事威胁，对于这段日俄处于弱势时的外交努力则略感陌生。屠景山援引日俄之例，从二者身处“弱势”的侧面展现其对外关系面貌，更意在说明处于战争败局中的国家仍能凭借外交手段争取最大限度的利益，而所谓“弱国无外交”的口头禅无非是“庸才的外交家遮盖外交失败的门面话”。[13]

对于中国的普通读者和著者而言，以俄国和日本的案例反驳“弱国无外交”的口号势必是一种心情复杂的选择，因为近代以来日俄的武力扩张和军事威胁不断催促普通民众更加关注中国外交的现状与屈辱，也促使其思考中国同日俄在国力、军备上的差距，反思战败带来的外交苦果。相反，与已为列强的德、法、日、俄相比，那些既无武力为后盾，也无财力支撑的“弱国”的例子，似乎更容易引起大众读者的情感共鸣。比如，分裂时期的意大利在加富尔（Camillo Benso Conte di Cavour）的领导下，通过外交手段把握了自主权并提升了国际地位。[14]1928年，波斯的礼萨汗（Reza Shah Pahlavi）则利用英国、苏俄、土耳其、阿富汗等外部势力之间的博弈，废除了领事裁判权和不平等条约。[15]捷克斯洛伐克在1935年与苏联和法国签订协议，面对德国和匈牙利的敌意，暂时保全国土。吴克刚称贝奈斯（Edvard Beneš）的外交“力量等于百万大军”[16]。其中，最常为论者津津乐道的是土耳其和暹罗的案例。凯末尔革命后的土耳其首先同苏俄在1921年签订条约，获得外交承认以及军事援助，同时废除了沙皇在土特权、收回割地。同年，土耳其与法国签订条约，打破了英法一致针对土耳其的局面。此后，土耳其又与阿富汗协调，同苏俄签订《卡尔斯条约》稳固其地位。在1923年的《洛桑和约》签署后，土耳其最终收回失地、避免了苛刻条款、维护了新生政权稳定。[17]暹罗在一战期间废除了德、奥、匈三国的特权；战后又与美国和法国分别在1920年和1925年订立新约，废除领事裁判权、治外法权等特权，恢复关税自主；此后，又与英国、荷兰、葡萄牙、西班牙等欧洲国家签订新约，取得了废除不平等条约运动的胜利。在印维廉看来，暹罗作为“弱国”通过外交手段打破“帝国主义联合阵线”的成功之处在于能够审时度势，辨别各国的不同环境和政策，“抓住时机，对症发药”，其外长“轻车简从的一国一国的去和他们谈判”。[18]

从维也纳体系下的德国和法国，到在东亚扩张的俄国和日本，再到一战之后的土耳其、暹罗等国，这些国家虽然都曾经处于弱势，也都不同程度地通过外交手段争取利益，但是其具体境遇和结局却千差万别。例如，德法的例子发生于欧洲秘密外交时代，一战后的案例则处于公开外交的浪潮席卷全球的背景中。各国形成“弱势”的情形也不相同。暹罗和日本是在殖民扩张的压迫下签署了不平等条约，俄国则是在同日本的帝国主义争夺中败北。每个国家通过外交手段达成的效果也各有差异。土耳其使新政权获得了承认，稳固了国际地位；捷克维持的是暂时的和平和安全；俄国避免了严苛的惩罚性条约，但丧失了此前扩张所得；德法几次交锋中落败的一方尽力维持最大限度的利益，但需忍辱负重。

这些处于不同时空背景的例子佐证了弱国并非无外交。更重要的是，它们修正了“弱国无外交”口号背后的胜败之论。外交实践及其结果的复杂性远非“强弱”二元对立所能概括。所谓“胜利”与“失败”并非一成不变。如果从长远的历史视角来看，暂时的“胜利”地位并非永恒，“失败”也并非不可逆转。诸多作者反复提及的德法之间胜败交替的战争与外交史为此提供了印证。即便仅就某一外交事件而言，“胜利”与“失败”的界限有时也并不明确。许多论者在谈及塔列兰外交时，常盛赞他作为“老外交家”的高明“手腕”。但是，周鲠生却也指出，塔列兰在俄国问题上“缺乏政治上的先见之明”，因为“失去俄国友谊于法无利”，从长远看，这反而增强了普鲁士的实力。[19] 在这个意义上，仅以“胜败”来界定外交并不严谨，也揭示了“全胜”是几乎不可能实现的。

上述案例中各国凭借外交手段获得的某种“成功”往往包含了妥协和让步。其胜利的意义更在于最大限度维持当下可能获得的利益，为未来再谋发展提供时间和空间。同时，上述事例也凸显了适当的妥协、低调和谨慎的外交可以为国家积蓄力量赢取更多机会。这也有别于“弱国无外交”口号之下偏于强硬态度的外交。如袁道丰在总结各弱国的外交经验时所言，“假使举国上下，惑于‘弱国无外交’之说，对内不思努力，对外偏欲大言不惭，盲目乱动，那才是根本不可救药”。因此，他更为赞赏的，其实是“胆大心细”的外交。[20] 这个评价是冷静克制的。

相比于以立场分明的胜败之论概括复杂的外交实践，他的评价似乎更接近精英外交的原本面目。

然而，不可否认的是，普通大众在聆听他国历史时，与学习中国“外交失败史”的心境大不相同。每当言及中国时，少有论者和读者能在深受压迫和侵略威胁的现实中摆脱情感的束缚。承担失败的艰难处境以及追求彻底胜利的信念也使其对“外交”的期待不断扩大，由此促成了“弱国无外交”口号的传播。因此，讲述世界历史上“弱国有外交”的例子，是在某种程度上帮助大众回归到平衡冷静的思路上重新审视“外交”的意义。

反思弱国是否有外交也在引导民众重新思考军事与外交的关系。前述各类弱国的讨论传达的观念是，国家需要在军事能力与外交手段之间寻得平衡和相互支撑。即便是对于以军力为支撑的帝国主义侵略者而言，在军事尚无法支持其实现国家目标时，外交手段同样重要。正如袁道丰在讲述德法的历史时所言，“战败民族的复兴，一半固须恃乎内政的革新，一半却也靠外交的成功”。[21] 外交手段并不单纯是国家军事力量的延伸。正是因为实力衰弱的国家无武备支撑，所以才更要依靠外交手段，维护自身利益。[22] 否则，就会产生如《生活周刊》读者来信中的诘问，若确如“弱国无外交”的口号所言，缺乏军备支撑的国家就毫无外交，那么外交部存在的意义在哪里？

更有论者提出，所谓“弱国无外交”，只是政府外交官员为自己开脱遮丑的借口。每当他们无法完成外交使命时，为了掩饰自身能力不足、避免被国人责难，就会宣称这样的败局是中国国力孱弱导致的。[23] 罗家伦则直言，“不是弱国无外交，乃是腐败国无外交”[24]。屠景山也在其论著中有类似的论断，“庸人掌外交乃无外交”[25]。在他们看来，前述“弱国”通过外交手段取得成功的重要原因在于它们有能够审时度势、老练高明、技艺超群的外交人才。在中国，所谓“弱国无外交”，实则是中国缺乏外交人才。因此，这些论者激烈批判中国外交家的作为。陈耀东在《国民外交常识》中认为中国并没有外交家，仅能称为“交际家”，因为他们“或则谬于世界大势，或则胆小如鼠，皆不配担折冲樽俎之大任。列强的外交政策，我国外交官皆不善应付；列强外交家出以风云变幻的手段，我国的外交官便俯首帖耳；列强的外交家出以威胁诡诈的策略，我国外交官便手足无措。因为中国的外交官，只长于迎接外宾，或饮酒，或跳舞，或利用老婆的娇娆，帮同应酬”[26]。无独有偶，屠景山也批评中国缺乏拥有“爱国的思想”“深博的学识”“敏捷的手段”“宏大的胆量”“熟习国际的情形”的外交人才。这才是导致中国“无外交”的真正原因。[27]

因此，在重新审视世界史上的弱国外交之后，参与讨论的各方学人普遍认为，“弱国无外交”的说法是不准确的，因为历史证明弱国可以凭借外交手段维护自身利益。对于中国而言，只说“弱国无外交”更是危险的，因为这会使民众忽视外交的力量。取而代之的，中国应该强调“弱国更需要外交”，更准确而言，“弱国更需要外交人才”。

## 二、发动大众力量

参与外交实践的“人”的力量变得尤为重要。世界历史中“弱国有外交”的诸多案例渐渐向普通大众传输了一种观念，之所以“弱国”能够有外交，是因为这些国家有真正的“外交家”，他们能够凭借智慧、运用高超巧妙的外交技艺，维护国家利益。相反，近代以来的中国之所以“无外交”，是因为中国并没有真正的“外交家”，他们甚至是腐败的、漠视国家人民利益、只关注如何为自己洗刷责任。这促使人们为外交实践寻找更可靠的支撑点，大众力量也由此被赋予重要的意义。特别是在国家遭受压迫，缺乏军事后盾的情况下，国民的力量可以成为政府外交的后援依托。正如印维廉在分析暹罗废除不平等条约的历史时所说，暹罗之所以能够在既无武力又无财力的情况下取得外交突破，关键就在于“飞扬的民气作后盾，抱着不屈不挠的精神”[28]。由此，发动和依靠民众的力量成为探索“弱国”外交的路径。

民众集体可以取代外交家个人成为外交实践的力量源泉，这是普通读者学习“弱国”应该如何践行外交时的思路转向。这一转变重塑了外交实践中的“力量”观念。在传统的外交实践中，令人称赞的“力量”往往体现为外交家的个人经验与手腕，具有鲜明的精英化、个体化的特征。然而，在中国遭受帝国主义侵略的严峻现实面前，随着越来越多的大众读物批判外交官力不从心的表现。甚至精英外交官也加入这个潮流之中。王正廷在暨南面向华侨子弟演讲时也强调，“办理外交全要靠国民的实力，无实力，便不易谈外交。靠个人的口才手腕，想在外交上得胜利，是很难的”[29]。

大众外交知识读物建构了一种新的“力量”观：它是集体的、有组织的、可动员的。这解决了前述诸多论者所担忧的中国“无外交家”的难题，也动摇了“弱国无外交”论调的基础。在致力于向大众普及外交知识的作者看来，在中国面临帝国主义侵略的背景下，更需要将分散的民众力量凝聚为整体，使之成为实现外交目标的依托，甚至在政府外交无力之际独立承担外交使命。《新民报》1936年6月发表的一篇社论正反映了这样的观念：“弱国之外交，必须具有革命精神，脱离过去腐败官僚买办式之外交方式。第一须打破一切传统成见，与破除一切束缚规则。第二尤须利用民众势力为外交之后盾。若外交而完全官僚化，不以民众势力为基础，又复无武力以继其后，则敌人将视若无睹，将玩弄于股掌之上。”[30]

民众在外交之中扮演的角色被“力量化”了。在此基础上，甚至可以通过人口数量来测算外交力量。例如，陈耀东在《国民外交常识》中提出，中国当时面临的最主要敌人英日帝国主义国家人口总计为1.3亿人，而中国连同其他被英日压迫的国家人口总数为9亿人，这种人口数量上的优势可以转化为外交力量上的优势。[31]这种计算方式同战场实力的评估颇为相似，试图通过对阵人数来度量双方力量对比。对于普通读者而言，这种计算“外交力量”的方式是简明直观的。将抽象的民众力量具象化、数据化的努力为普通民众理解和参与外交提供了一个清晰并能被感知的认识“外交”的框架。

这也意味着民众之中蕴含的巨大能量必须通过集体的汇聚才能发挥作用。各类大众外交知识读物因此热情加入培育民众外交力量的行动。外交的专业技术壁垒被迅速打破了，围绕外交的学习和实践过程从外交精英和官僚的职业专利转变为全民智识和行动。王宠惠在为《外交大辞典》所作序中强调，只有在培养国民的外交知识以及集中舆情之后，才能够“完成对外力量”。[32] 谢扶雅在《国际问题》中也写道，只有实行了“国民外交”由国民监督外交政策的制定与执行的国家，才能获得国际地位的上升。[33] 随着培养民众外交能力的呼声渐高，外交的场域也逐渐被重构为全民皆可参与的公共政治空间，民众可由此表达对于外交事务的态度。

民众的态度固然重要，但在强调国民作为政府外交力量基础的论者看来，更重要的是以民众的名义形成统一的支撑政府外交的形式。洪钧培在《国民政府外交史》中的表达则更进一步。他援引土耳其的案例说明，当其遇见外交问题时，就会召开国民会议，但其目的并非向国民征求意见，而是把国民会议中的民众当作“外交武器”，从而支撑政府外交。[34] 在洪钧培看来，国民参与和监督的目的并非意见咨询，而是作为一种工具，将潜在的民意转化为外交博弈的筹码。

在这样的整体叙事背景中，“运动”是民众外交力量表达其诉求的重要方式。“国民外交运动”也成了相关著作介绍国民外交时约定俗成的关键词，也是频繁见诸大众读物和教材的固定表达。[35] 顾名思义，这意味着国民外交的实现须依靠大众参与、以有组织的激烈抗争和集体努力实现某一具体目的。大众外交读物介绍了多种民众可以参加的集体“外交运动”的形式。例如，在《国民外交常识》中，陈耀东列举了“示威运动”“对敌经济绝交”“对敌不合作”等方式。示威运动是“使敌人不要轻视我们”，对敌经济绝交则是在我国未能实现关税自主前“反抗帝国主义的最好方法”，对敌不合作则可以使不平等条约丧失其运行的基础。这些无一例外都强调要激励民众以对抗运动的形式参与国民外交的决心和力争到底的意志。[36]

在实践中，国民外交运动也如火如荼地展开，各类事迹频繁见诸报端。1921 年，在华盛顿会议召开期间，各地掀起了国民外交运动的高潮。武汉举行多次示威运动、演说员“每日在大道演说”；河南召开省议会临时会“以便为外交后盾”，并以演讲、发放宣言书等方式警醒民众；陕西各校学生及工商各界举行三日游行活动，“沿途演说，声与泪俱”；[37] 济南推举国民代表进京请愿；福州二十余个国民团体集体参加游行，并沿途讲演；[38] 长沙纱厂、理发工团、印刷工会、织布厂、黑铅炼厂、笔业公司等企业的三千余名工人参加游行，反对华盛顿会议；上海学界也发起游行示威活动；西安各学校学生也组织游行、分途演说；[39] 唐山市民召开市民大会，手执白旗、书写标语，并举行游行大会，以期唤醒国民作外交后援；[40] 此外，天津、浙江、南昌、安徽、陕西等各地学生都参与反对华盛顿会议的示威游行。[41]

声浪甚高的国民外交运动在积攒了外交力量的同时，也带来了显而易见的风险。国民不满足于只作为政府外交的“后盾”，在一些时候甚至走向对抗的“前台”。在华盛顿会议召开期间，《东南日报》发文指出民众的外交运动应该逐步升级，并具体说明了抗争应采取的三个步骤。首先，各国民外交团体应该通过电报向中国代表团表达诉求，例如解决山东问题、废除“二十一条”等，并且“电报越多越好”。如果中国的主张“完全失败”，则撤回代表，对会方联络和意见置之不理。最后，如果会议罔顾国民提议，径自形成决议，那么国民才可“激烈的反抗”，甚至可以在必要时“全国罢市罢工罢课”，以“极大的牺牲，去拼一个死活”。[42] 虽然这些步骤试图将民众外交运动纳入一个渐进可控的轨道，但是在实际的国民外交运动中，民众在高涨的悲愤情绪之下，极易绕过预设的步骤，诉诸更为激进的手段。例如，上海市民在游行示威时，就有人宣称“不承认现政府”，呼唤国民“速起”，先驱逐军阀刘镇华，再“威迫政府统一”，才能最终给“外交上一个有力的后盾”。[43] 在陈耀东定义的“刚性的国民外交”中，也包括国民在“遇事机急迫时，亦得单独的对外表示”[44]的含义。这种相对独立的对外行动既可以通过示威运动“反抗敌人”“表示我们不愿受人压迫”“使敌人不要轻视我们”，[45]也可以进一步使武装的民众“自动的抵抗敌人”“慷慨捐躯，视死如归”，等等。[46]这已然超越了外交所定义的范畴，但却是彼时大众外交知识读本中的一个重要部分。

号召民众参与国民外交的文字和语言都是饱含情感和煽动力的。在各报刊报道华盛顿会议期间的国民外交运动时，它们往往在标题中使用最引人注目的事件片段吸引公众对外交的关注。例如，“留日学生断指表示热忱，长沙工人游行之盛况，上海将有二次示威运动，西安游行演说之激烈”[47]。“断指”“盛况”“激烈”等词语烘托出了国民外交的紧张氛围。陈耀东在总结其学说时也阐明他的思想是“流于武化”的，这是因为在战火纷飞的境况下，中国是一个“被压迫的国家”，只有如此才能“打开一条生路”，因为在这个“无道义”“只有诡谲诈骗”“没有公理”“没有是非”的世界上，“所谓邦交，只不过国家间互相利用的代名词”，“弱国只有自己奋斗，自己拼命，杀出一条血路来”。[48]周鲠生也指出，“革命的外交”在受过西方绅士教育熏陶的旧式外交官看来“也许有点太流氓气”，但是“我们可以老实不客气地说，中国今日对外所需要的，正是流氓式的外交”。[49]这样一针见血的文字固然可以警醒国民参与外交之心，但是也可能使其在激烈的行动中偏离“外交表示”的轨道，使国民外交运动的“运动性”有余而“外交色彩”不足。

## 三、联合的力量

大众的力量不只来自国内，同样来自海外。在组织和动员民众参与国民外交实践的过程中，各界团体愈发认识到，实现其对外行动的目标不仅需要凝聚国内民众的力量，更需要广泛争取国际社会的支持。国民外交运动发动民众力量的思路逐渐超越了国家的藩篱。

1934 年，中国侨务委员会进行了一项统计，中国约有八百万侨民在海外生活。这一规模可观的数字在当时的大众刊物中被广泛引用。[50] 但正如文安立（Odd Arne Westad）所说，比人数更重要的，是海外华侨对他们的居留国以及中国产生的影响。[51] 事实上，自 20 世纪初，晚清政府、立宪派、革命派就开始投入联络动员海外华侨的努力中。[52] 直到二战前，遍布世界的海外华侨在经贸、文化、习俗、传统等各领域与国内社会保持千丝万缕的关联。[53] 战时，华侨力量成为国内国民外交团体倚重的关键群体。[54] 战时国民外交大众读本着意突出海外华侨的抗战力量，描述了他们凭借特殊的地位和资源优势参与国民外交运动，并为海内外联合抗战贡献力量的事迹。一方面，海外华侨捐款捐物，直接支援前线作战、振兴国内实业、增加外汇储备、调节贸易逆差。[55] 国内对海外经济力量的动员也是直白且切实的。全面抗战开始后，教育部出版系列民众读物，在有关华侨动员的书刊中直接发出华侨应该“钱多的多出钱，钱少的少出钱，无钱的也要劝别人出钱”的呼吁。[56] 另一方面，华侨发挥自身的海外关系网络优势，投身国际舆论宣传。抗战胜利后，积极投身国民外交活动与华侨事业的陈汝舟主编了《美国华侨年鉴》，并在序言中回顾赞扬了在美华侨多年来纾难祖国的热忱行动，称许他们“应募国债”“输将捐输”“奔走呼号”“努力国际宣传”“投资后方”“开发产业”。[57]

在海外学习生活的中国留学生是国内国民外交力量寻求对外联合的另一个重要目标。相比于人数众多、经济基础雄厚的华侨群体，海外留学生更擅长利用自己所学办刊办报、联络国际友人、从事国际宣传，以此声援国内国民外交诉求、阐释中国立场和外交主张。[58] 早在民国初年，东京留学生就成立了国民外交后援会，并发布了《东京留学生组织国民外交后援会宣言书》和《章程》，组织行动随时向国际社会揭露外人“不利我民军举动……以待世界公评”[59]。巴黎和会期间，欧美留学生也在国民外交运动中崭露头角。[60] 抗战时期，留学人数锐减，但是身留海外的学子响应国民政府号召，积极协助抗战宣传，争取国际援华力量和同情。[61]

“同胞相亲相爱之情”是各类刊物在分析评价侨胞以及留学生支持国内外交运动时的论述之一。然而，国内社会深知同胞之情并非自然而然地转化为实际行动，仍需要通过主动联系和有效动员才能发挥其影响力。越来越多的研究说明，华侨的身份认同是多重复杂的，既受到国家动员与民族主义的影响，也与其所处具体环境和社会关系紧密相关。[62]在宣传上，国内各界更注重提升海外群体的宣传技巧，并进行统筹规划。1928 年，国民党宣传部之下新设国际科，专司国际宣传工作。[63]与此同时，各界纷纷提出培养海外华侨和留学生宣传能力的策略，并逐步形成了一套完整的体系。在陈耀东的《国民外交常识》中，他将海外群体的优势和国民外交行动的特点结合起来，介绍了三种宣传方式。其一，可以随时采用“笔头的宣传”，将帝国主义在中国所犯罪恶编印成各种语言的小册子，并将国内讯息及时在国外报刊发布。其二，由留学生组织宣传队进行“口头的宣传”，特别是仍生活在外的留学生可以“随时随地在居留国说明帝国主义的蛮横”。其三，利用各种影像手段宣传国内惨案等。[64]在面向小学生的教材和教学法中也反复强调国际宣传的重要性。例如，《前期小学社会课本教学法》中具体谈到了“本国与外侨联络，并且要利用留学生多在外国用工夫，像办外国报，组织通讯社、投稿外国书报、摄制中国影片至外国映演等等都是不可少的”[65]。“九一八”事变之后，国内社会更重视同旅居各国的侨民和留学生的联系，希望在宣传技术上为他们提供“统一的指导，使其运用不同的方法，以收分工合作之效”[66]。全面抗战爆发后，对华侨和留学生的宣传动员工作进一步加强。各地方、各团体逐渐形成了自身的宣传方案。例如，1938 年《西北文化日报》将“留学生成立团体、作有系统的活动”列为其提出的《国际宣传工作提纲》的任务规划之一。[67]有力的宣传可以促成海外力量更加紧密的联合，这已经成为国民外交倡导者的一种共识。

海外华侨和留学生使用的宣传手段日趋多样化和专业化。纸媒、广播、电影、照片、幻灯等都是其常用的工具。随着海内外宣传力量逐渐结为一体，各方致力于发掘如何在不同情境下最大限度利用这些宣传工具。例如，林云谷在《动员华侨问题》一书中列举了分布在各大洲31个国家的华侨主办的近80种华侨报刊，指出国内应为这些华侨刊物提供及时有效的抗战信息和宣传材料，使世界各地华侨可以在第一时间了解国内抗战情形；他也提出面向华侨的广播节目应考虑同时使用粤语、潮州语、马来语等各地华侨熟知的语言；各地华侨贡献的事迹应及时拍摄成影片供各地华侨观看；宣传的照片要将祖国山河的"美"、土地沦陷和同胞受难的"惨"、将士人民努力抗争的"力"结合起来，唤起侨胞的情感。[68]抗战开始后，专门面向海外华侨群体的《华侨月刊》《华侨动员》《现代华侨月刊》《华侨青年》等期刊上刊发了大量文章，以实例指导华侨利用各式宣传工具。[69]在荷属印尼，华侨小学将国民外交技能融入公民科、社会科、语言课、音乐科等多门课程的教学之中。例如，其音乐课提示学生，华侨应在歌舞交流之中，与各国人民"情谊交投"，因为这将有助于推进国民外交。[70]这些宣传的影响是双重的。一方面，这些指导丰富并规范了海外群体面向国际社会的宣传策略；另一方面，它们拓展了国内民众对外交力量动员的理解，将其视野带向更广阔的海外华侨社会，使其在全球的视野下建立对国民外交的理解。

除了海外华侨和留学生，中国国民外交运动联合的对象还包括其他国家同样遭受殖民侵略和压迫的民众。这在陈耀东对中国国民外交力量的估算中已有充分体现。他在计算潜在力量时，不仅统计了中国的人口数量，而且将其他同受英日帝国主义压迫的国家民众也纳入其中。他认为，尽管组织起四万万民众已经"绰绰有余"，但是仍需"常联络世界上的被压迫民族，加入我们的联合阵线，共同作战"[71]。这种超越民族界限、寻求更广泛联合的思路体现在很多当时的出版物中。许多反帝国主义运动相关的书刊不再局限于叙述中国的遭遇，而是力图展现土耳其、朝鲜、菲律宾、印度、埃及、埃塞俄比亚等世界其他弱小民族和被压迫民族的抗争历史与现状，由此凸显中国与这些民族联合抗击帝国主义侵略的必要性和可行性。[72]

大众读物将被压迫民族之间的情感纽带视为他们联合斗争的基础。在一战后的民族解放运动浪潮之下，反抗帝国主义压迫不仅是中国国民外交运动的目标，而且是世界被压迫民族的共同使命。诸多论者相信，各国被压迫民众之间存在着对悲惨境遇的相互理解与共鸣，这使他们有可能凝聚成强大的联合力量，共同对抗帝国主义和殖民主义的压迫。陈耀东在论述中特别强调了这种情感联系，他将被压迫民族之间的同情描述为“真实的”“热烈的”“最可靠的”，并坚信基于这种情感纽带构成的联合阵线，其“前途必有很大的力量”。[73]对国民外交运动的鲜活历史场景的描述不断印证和强化这种情感共鸣。1921年12月，北京《晨报》记者在报道华盛顿会议期间长沙工人游行的新闻时，特意记录了一个富有象征意味的场景，“临时新闻记者黄衍人，与之握手，印度人便大哭起来，群众都为之动容”。报道指出，这一幕“很可以引起人们对于世界被压迫的民族的同情，激起人们创造自我维护自我的意志”[74]。对这种跨域国界的情感共鸣的描述，不仅体现了被压迫民族之间的精神纽带，更成为了国民外交运动在寻求国际联合过程中的思想资源。

国际联合带来的现实援助同样重要。战时出版的综合丛书《国际援华运动》详细介绍了从亚洲的朝鲜、印度、菲律宾、缅甸，到欧洲的英国、法国、比利时、荷兰、挪威、瑞典，再到美洲的美国、古巴以及非洲的南非、大洋洲的澳大利亚等国家的援华行动。这些援助形式多样，包括募捐、宣传、抵制日货、医药援助等，参与群体也十分广泛，涵盖教育界、文学艺术界、医疗界、商界及普通民众。[75]到了抗战时期，对国际援助的重视则更为突出。《救亡手册》明确提醒民众，中国应该更加注重国民外交，“对于各国人民之联络，应该采取各种方法，经过各种组织（如‘中 × 之友’社及各种国际联合及团体等）取得全世界工农，以及一切进步的民主势力的同情和赞助，加强他们对自己政府的压力，直接给我们以许多政治、经济、物质、精神上的援助”[76]。金仲华则为民众提供了一种简单务实的方式来解释这种对国际支持力量的争取，即“凡有利于我们抗战的外交力量，都可以应用；凡是不利于我们抗战的外交力量，都不能够应用”[77]。

在从事国民外交的各界人士看来，作为弱小民族的一员，中国普通民众应该参与与其他被压迫民族的联络中，深化彼此间的同情共鸣与斗争情谊。国民外交协会常任理事王礼锡在论及国民外交的对外联络时指出：“一个教授，一个作家，一个工人农民与青年都可以向外国写信，这样的信任在国际友人看来都是贵于真实。”他进一步指出情感与行动的关联，认为在“中国与全世界反侵略的共鸣基础”上，“只要在中间加一点力，热情就可以发为更有效的行动，而共鸣也就更加扩大”。[78]由此，他强调将民与民之间联通的情感转化为切实的联合行动，并由此进一步增强联合的意愿。

随着全面抗战爆发和第二次世界大战战火的不断蔓延，中国国民外交运动寻求国际联合的视野也进一步扩大。除了深受帝国主义压迫的弱小民族之外，共同抵抗法西斯侵略的友邦都成为中国可以发动联合的对象。吴铁城在国民外交协会成立四周年之际于《中央日报》发文提出，我国应对“友邦中的大多数人士”开展国民外交，而“不问其宗教信仰、政治立场或职业关系”。[79]严衍钧也在《全面抗战与国民外交》中提出，中国国民外交结交的对象不仅包括“爱好和平的各国民众”，也包括“敌国的工农群众”。[80]

在战时，中国国民外交运动也融入更为广阔的国际反法西斯统一战线之中。1936年9月，国际反侵略运动大会在比利时召开。这是世界各国各领域国民外交努力的集中体现。[81]共37国代表出席此次会议，包括政界领袖、学者、工农、工商、妇女、宗教、体育、青年等各界代表，旨在推广和平运动、保障世界和平，并鼓励各国成立分会。英国、法国、美国、爱尔兰、墨西哥、瑞典、奥地利、罗马尼亚等国报刊都对会议的召开予以热烈回应。[82]1938年1月，中国分会在汉口成立，寻求各国支持中国反对日本的侵略。[83] 同时，中国也与他国成立援华协会联络。1937 年，英国成立了全英援华运动总会（China Campaign Committee），该会由英国学界、宗教界、文学界、工业界等各界人士组成，通过救济、政治和宣传的方式支持中国抗战。王礼锡参加了该会酝酿成立的筹备会议，并呼吁中英国民加强联络，充分利用援华会在英国的社会关系网络优势，传播有关中国抗战的讯息。[84] 此外，王礼锡也在英国南北各地做了一百余次讲演，扩大中国在英国国民外交团体中的影响力。[85]

从 1931—1940 年，除了中国国民外交协会（1938 年）之外，中国成立了若干针对某一国家的国民外交团体，包括中苏文化协会（1935 年）、中美文化协会（1939 年）、中暹协会（1937 年）、中越文化工作同志会（1940 年）、中缅文化协会（1939 年）、中德文化协会（1936 年）、中法比瑞文化协会（1939 年）、中意文化协会（1931 年）。[86] 这些协会组织各行业出访团、接待来华访问团、出版大众刊物，从而增进两国政府和民众之间的了解和接触，并争取外国民众对中国抗战的支持和同情。以 1939—1941 年间的中缅交往为例，1939 年 12 月缅甸亲善访问团访华，1940 年 3 月缅甸记者访问团暨政府代表团访华，1941 年 8 月中缅文化协会组织中国访缅团。[87] 与此同时，中缅各报刊热情洋溢地报道了这些活动，并分别向其民众介绍了两国历史与现实国情，形成亲善、友好、合作的氛围。[88]

无论是面向国内读者介绍海外华侨贡献及如何加强同海外联络的国民刊物，还是面向海外华侨与其他群体的宣传普及读本，它们都致力于组织集结海内外大众力量共同投入国民外交的浪潮中。通过这种情感共鸣和联合行动，中国的国民外交浸入全球反殖民、反帝国主义运动的广阔背景之中。各种国际组织、文化协会和援华运动的发展，不仅为中国带来实质支持，而且带领民众亲历一场超越国家藩篱的国民外交运动的实践，并从国际联合的视野理解外交知识中强调的反抗精神和诉求。

# 四、服从领导、严守纪律

海内外民众积极了解并热情参与外交是国民外交运动蓬勃展开的助推器。但是，民众的激情是一把双刃剑，它在凝聚民意的同时也可能使情绪过度高涨而失控。正如陈耀东在《国民外交常识》中所说，情感是动员群众参加运动的“原动力”，因为倘若没有感情，群众运动就无法发生。但是，他也指出，正是因为群众之中蕴含着充沛的感情，在他们的运动最激烈的时刻，就越容易“流为越轨的行动，这样最足以妨碍国民外交的进行”[89]。因此，积极动员国民力量参与外交固然重要，但是同样需要警惕滥用国民外交以及“运动”过多带来的威胁。这种运动好比是一种“刺激”，“刺激愈多，便成麻木”，而一旦滥用，国民外交运动将折损威严，也将渐渐丧失其效力。[90] 陈耀东在鼓励民众投身“示威运动”“对敌经济绝交”“对敌不合作”等激烈的、坚决的、对抗式的国民外交运动的同时，也提出要以“理智”来平衡支撑群众运动的情感“原动力”。

大众外交知识读本承担了管理和约束民众热情的职责。虽然陈耀东强调国民外交运动的对抗性和斗争性，但是他认为“国民外交运动”不同于“国民外交暴动”。后者最容易在群众运动最激烈之时发生，比如“拆毁敌国国旗”“殴伤敌国人民”等“越轨的行动”，但是这些行动只能“发泄一时之气，但不能制敌人的死命，突然的失去友邦的同情，也失去国民外交的真意义”。[91] 所以，在感情之外，国民参与外交运动应当接受“理智的训练”，应当“以‘理智’为要件”。[92]

这也是陈耀东写作《国民外交常识》的缘由之一。该书成为彼时大众读本中强调国民外交运动纪律的代表。为了规范民众参与外交运动的行为，陈耀东特别讨论了国民执行“刚性的国民外交”的必备要点，通过提升民众的“理智”来平衡制约其高涨的“热情”。具体而言，这意味着参与国民外交运动的群众“不当单独行动”。[93] 陈耀东格外强调国民外交运动中组织和纪律的重要性，指出只有经过培训和严密组织的民众才能发挥最大的影响力，否则反而会掣肘政府外交。所谓“刚性的国民外交”最核心的要求就是，“全部的国民，应当严密的组织起来，施以训练，积极的辅佐政府外抗强权，以求中华民国之独立与自由”。[94]

陈耀东详细列举了其所谓“严密的组织”中的两个必备要素，即运动的领导和参与的群众，并分别对其具体行为要求进行了详细的阐释。他认为只有具备以下条件的人才能成为国民外交运动的领导，包括：

（甲）洞悉本国及世界的大势，俾能应付一切外交问题。

（乙）有伟大的人格，及毅力，以取得群众之信仰，作战时得指导裕如。

（丙）有为公牺牲的决心，而非藉此以达其他目的者。

（丁）善察民众心理，得随时决定其指导方针，不致逆民意而行。

（戊）要有坚忍不拔的精神，不因小挫而灰志。

（己）要有机警的天才，俾能临机应变。[95]

同时，“刚性的国民外交”还要求有“健全的国民”作为国民外交运动的主体。为此，国民需要做到如下三点，“明了中国受列强压迫的真相，使发生民族的自尊心；要有坚忍不拔的精神，方能耐劳奋发；要有服从的精神，方能组织严密”[96]。为了培养有服从精神的民众，陈耀东提出了如何在组织国民外交运动之前进行准备。在民众了解国家危难、有了团结意识决心从事国民外交之后，应该使他们“在同一条战线上作战”，在组织民众时应该注意使其“系统分明，责任清楚，有如军队的组织，全国有整然一系的联络”。在“严密的组织”的基础上，民众“要有指挥的能力，更须有服从的精神，坚忍耐劳，坚苦卓绝”。更甚者，应该对民众进行军事训练，使其成为“武装化的民众”，“听受一个最高民众军事机关的指挥，以便号令统一，不致散漫”。[97]

在陈耀东设计的“刚性的国民外交”的组织原则中，领导与参与者是一对严密的指挥与服从关系。群众是国民外交运动的主体，但是领导是运动的核心。国民外交运动的领导不仅需要具备宏观的国际视野，能够把握复杂多变的局势，还需兼具道德感召力与实践智慧，能够审时度势。领导者在“刚性的国民外交”中拥有极高的地位，陈耀东强调只有德才兼备之人，才能担此重任。与此同时，参与的群众需要形成一股既有热情、又有纪律的力量，养成一种自觉而非盲从的追随态度。这种领导与服从的结构性安排，构成了“刚性的国民外交”的组织框架。在陈耀东看来，这是确保群众行动能够理性有序展开、避免因情绪化参与而偏离轨道的规则保障。如军队一般组织严明且整齐划一的团体行动、上下级责任权限分明、坚强的领导、服从的民众体现了陈耀东笔下以“对抗”为主题的理想的国民外交的特点。只有团结一致、严守纪律才能取得“国民外交运动的胜利”。这也是在晚清以来如抵制日货、抗俄运动等国民外交实践中总结出来的具体历史经验。正如陈耀东在解释其“刚性的国民外交”理念的缘起时所言，这是“列强逼迫我们不得不走的一条道路”[98]。

以陈耀东的《国民外交常识》为代表的大众外交知识读本在积极唤醒民众参与国民外交运动激情的同时，也希望管理和约束民众行为。为了统一民众步调，外交知识读本着重介绍宣传的技术、一致的口径、规范的操作。例如，严衍钧提出的“适当的”宣传工具包括“小册子、播音机（用以广播演讲）、照片或电影、传单等，派出各行业有声望的人作为国民外交的使者”等，而其中的关键是要“确定纲领”。[99] 推而广之，面向中小学生的教材也如此介绍参加国民外交的规范。民众要在国民外交行动中树立“确定的对外目标”、拥有“一致的外交意识”、要形成一支“有纪律、有组织的队伍”成为中小学公民课、国文课、历史课教材课文中反复强调的内容。[100]

从上述对中国国民外交组织和控制的具体方式中，我们可以看到职业外交官对待国民外交的态度既有反对也有包容，甚至主动寻求组织其力量，也同时控制其发展的方向。事实上，在20世纪中国所经历的战争和革命的整体背景下，整个中国的社会生活都经历了军事化的改造。在这个被“组织”起来的社会中，“提倡纪律，讲究平均，以期达到社会和政治目标的动员和斗争的语言、英雄行为的偶像、对内奸的忧虑，以及组织军事化的运用，延续了数十年”[101]。这样的一整套强调组织纪律的话语都可以在宣介国民外交的大众读物中找到踪影。诸多作者将外交环境视为“外交战场”，国民应为“有组织”的势力、“有纪律”的团体。外交知识读本中强调对民众参与外交的严格指导和严密控制，通过强调纪律规范、讲究服从领导、配合军事行动、参考军事组织方式、设定宣传的纲领与方式等途径，实现对国民外交运动风向的把控和引导。可以说，在战争与革命背景中被普及的外交知识并不纯粹是为了丰富见识，而是发挥着引导和规训民众活动的作用。

## 五、外交知识的革命运动化

随着国民外交运动以空前的规模席卷中国社会，普通民众不再是外交事务的旁观者，而是通过直接参与国民外交，在实践中形成对外交的理解。因此，民众接触外交的方式及其感受不同于书斋中的理论建构，更具有实用性和情感色彩，是在街头游行、示威运动、抵制抗议等具体行动中形成的鲜活生动的知识。与此同时，外交知识的传播不仅意在激发民众的爱国热情和危机意识、调动其参与国民外交实践的积极性，而且需要培养其组织纪律意识和服从精神。简言之，“外交知识”既是在国民外交实践中逐步走向普罗大众的，也是为了动员民众积极有序参与国民外交而被塑造的一种知识工具。它有别于通过高等院校建立专门的外交学专业或者出版学术专著辨析经典外交学理论，是以简单的语言、响亮的号召、激烈的批判情绪向民众反复宣讲为何以及应该如何参与国民外交。同时，它又以直截了当、毋庸置疑的口吻强调服从指挥、统一行动、严密组织的重要性。

国民外交作为一项运动的发展融入了20世纪中国更广泛的革命运动现实与话语之中。民众学习和践行外交知识的过程与中国反对帝国主义、抵抗侵略、推翻旧政权的革命运动紧密结合。大众外交知识读本中强调的国民外交应该充分调动民众的情感、严密组织民众力量、构建坚强的领导、培养服从精神、既有激情又遵守纪律地在外交战场上应战等期待，与中国革命运动的特征如出一辙。一方面，在中国遭受帝国主义侵略的现实与语境之下，摆脱帝国主义压迫是国共两党各自革命纲领中的重要内容。在中共二大纲领中，“推翻国际帝国主义的压迫，达到中华民族完全独立”是共产党人的奋斗目标之一。[102] 国民党二大宣言也重申孙中山在《总理遗嘱》中所言之“打倒帝国主义实为国民革命之第一工作”[103]。另一方面，“革命”也是打倒军阀、推翻旧政权，彻底改造国内政治生态和社会文化的手段。无论是在“弱国无外交”口号的宣传中，还是在重新审视“弱国无外交”中的偏颇之处的争论中，二者都直指旧政权及其外交官的无能和失败，以此号召民众彻底改变旧政权的外交、投身革命、建立新政权。正如夏天在《中国外交史及外交问题》中所言：“国民外交与革命外交之对象为帝国主义、压迫阶级及把持外交的军阀政客。”[104] 以组织国民集体运动为基础的国民外交是革命纲领在外交实践领域的体现。同时，组织国民外交运动并明晰其行为规范和纪律也是促成革命政党动员民众的知识工具，是其宣传纲领、批判旧政权、塑造革命形象的手段。可以说“运动”不仅描述了国民外交的特征，而且说明了外交这一概念在中国被“普及”的过程。

以陈耀东为代表的外交知识读本作者强调国民既须积极投身国民外交运动、也须遵从规范脱胎于长期革命与战争环境下中国社会的普遍思维，即革命行动和社会治理须有组织、有纪律、听指挥，否则如一盘散沙，多会失利。特别是自20世纪30年代以来，抗日战争爆发、中华民族危机深重的背景之下，军事化的组织与文化蔓延至社会的各个领域。

周鲠生对“革命的外交”的构成要素的描述正反映了革命运动的社

会环境所培养的及需要的“外交”：

> 革命的外交，必须是具有革命精神而能适应国民革命的环境与目的之外交。这不但和向来北京政府腐败官僚式的或买办式的外交根本不同，就对于近世一般传习的职业式的外交也要打破。……革命的外交之第二要素，是利用民众势力。……可以拿民众势力做对外的武器……却不可以使外交机关做弥缝民众运动结果的工具。真正革命的外交，应当对照国际的情形及国内民众的力量决定方针，知道在什么时候民众运动可以利用，而到什么限度，可以停止。……最后，革命的外交，必是主动的，攻势的。……绅士气的外交，决不能斗过帝国主义的老手，达到国民革命的目标。[105]

周鲠生在赴日留学期间加入同盟会。他在法国获得法学博士归国后，既在北京大学、东南大学等高校政治系与法律系从事教学科研，也协助国民政府处理国际法、国际组织、谈判、民间外交、外事官员培训等实务。[106]他的“革命外交”思想与著作、具体主张与活动也响应了国民党的国民革命运动，反映了国民政府的“革命外交”实践。以废除不平等条约为目标、依靠有组织的民众力量、强调彻底斗争精神的“国民外交运动”也成了国民政府“革命史”叙事的一个重要部分，成为国民党教育党员、整肃党纪的方式之一。在中央陆军军官学校政治训练处1931年出版的政治丛书中的《中国革命史》中，巴黎和会期间群众请求拒绝在和约签字的游行运动被视为“国民外交运动”的革命史代表事件。[107]类似地，1935年出版的湖南省军事政治训练班政治训练教材之一《中国近百年外交史纲》则将外交史置于革命运动的框架下书写，“国民外交”一章包括“三元里民之愤起”“台湾共和之建设”“经济武器之屡施”“五四运动之勃发”和“浔汉租界之收回”等内容，注重讲述民众群体反抗力量的重要性。[108]在国民党的宣传文件中，废除领事裁判权、摆脱不平等条约桎梏的运动既是外交行为，也是其“唤起民众，从事革命的国民外交运动”[109]的重要内容。1942年，在国民外交协会成立四周年之际，《中央日报》刊发吴铁城撰写的《国民外交之意义与任务》一文。该文在强调国民外交对于中国抗战的意义之余，指出国民外交更是践行国民党《建国大纲》和国民政府“抗战建国”政策的一部分，宣传中国“高尚的文化”“伟大的主义”“英勇的战绩”更有利于提升中国战后国际地位。[110]

外交知识的普及并不是信息扩散的简单过程，而是与饱含革命情感的宣传与动员相交织。事实上，一战时的欧洲国家与民众就意识到了外交实践中“宣传”的力量。然而，随着战争的结束，各国对于大战的厌恶和悲痛记忆占据主流，特别是在战后外交民主化浪潮兴起之后，“宣传”（propaganda）更常同欺骗、隐瞒、篡改等贬义词联结在一起，被认为是政府操控信息、愚弄民众的手段。[111]但是在中国面临外来侵略的战争与革命环境中，使民众依据统一的口径掌握宣传技术成为大众外交知识读本在战时外交中的一个重要使命。如陈耀东所述，其要义在于“凡事爱国的青年，首当团结起来，担任这种宣传工作”[112]。严衍钧则更进一步指出，这不仅是国民享有的权利，更是“国民应负有对外民众宣传的责任之谓”[113]。在20世纪30年代，国民政府和民众在战争的境遇中，践行宣传并丰富了对国际宣传、事实与时势的理解。[114]他们在不同的语境下寻找有力的宣传话语，表达自身对国民外交运动的贡献。

“普及”的实现是与运动实践相伴的。普通民众并不是在了解艰深复杂的外交学原理和国际法规则之后才开始关注政府外交活动和世界事务的。他们是在外交知识的引导下，在抵抗侵略的革命运动话语体系下中接触“外交”，以“国民外交运动”的形式践行“外交”。由此，大众外交知识读本中的“外交”已经摆脱了经典外交学概念的面貌，成了革命运动的一个组成部分。在外交知识走向大众的过程中，最大限度调动普通民众参与外交运动是其关键要义。在这样的目标下，组织民众力量从事国民外交运动的现实意义不仅在于其集合起来的反帝力量能够支撑政府外交，更在于这种有组织的“反抗力量”是革命政权立足与发展的根基。

个体是否能够全情投入国民外交运动、积极主动、服从领导、遵守纪律，也成为检验其革命性的试金石。正如王奇生所指出的，20世纪20年代的国民党和共产党“对革命的积极认证和遐想式期待，使革命日趋神圣化、正义化和真理化”。同时，它们也“分别以各自的政治利益和意识形态为依归来诠释其‘革命’的行径，使革命话语在日趋神圣化与正义化的同时，又意含着浓烈的任意性和专断性成分”。[115] 类似地，作为革命运动助推剂的外交知识也被附丽了象征进步、正义、神圣的符号价值，成为一种带有情感倾向的话语工具。

## 六、结语

外交知识走出了书斋，在国民外交实践中“运动”起来了。这一过程是伴随着国民外交运动发展的现实自然而然发生的，但同时也是国民外交运动倡导者有意建构的。

运动起来的外交知识扎根在中国本土大众力量之中，并且超越了国家的界限，力求同国际社会反抗压迫、抵抗侵略的斗争力量广泛联合。在国民外交的倡导者号召民众认识外交的重要性的同时，也反复强调只有依靠民众的集体力量，才能实现外交目标。20世纪上半叶，中国社会中所蕴含的大众力量是强大的。它一方面来自普通公众在帝国主义侵略的现实中遭受压迫的悲惨境遇，另一方面有赖于革命宣传的强大感召和积极调动。在这样的集体实践中，普通民众逐渐了解什么是外交知识。外交知识运动起来的过程也充满了愤慨的怒喊和反抗的激情，成为推动国民外交运动的情感动力。

运动起来的外交知识蕴含着巨大能量，被激发起来的民众力量也有可能走向极端。这种在一定程度上已经背离“外交”原本含义的潜在风险也为国民外交的倡导者所警惕。20世纪上半叶，外交学中的“公众”

（the public）概念以及西方世界对其态度处在激烈的变化和矛盾中。即便在历经两次世界大战和战后的外交民主化浪潮中，尼科尔森仍然认为公众通常是多变的、情绪化的、非理性的，虽然可以通过教育使公众了解外交事务，但是其效果有限，公众仍然缺乏相关知识。[116] 如他在二战后质疑收音机的广泛流行时所说，“谈判是没有办法在麦克风前进行的”[117]。在中国，顾维钧对“人民外交”及其追求完胜的批判也代表了民国职业外交官对国民外交鄙夷的声音。尽管陈耀东将他提出的“刚性的国民外交”描述为“流于武化的”，周鲠生也指出中国也许需要一点“流氓式的”外交，但他们同时重视对民众力量的规训。在发动民众的同时，他们也强调组织和纪律的重要性。正如《新民报》社论《弱国无外交乎？》在引用周鲠生对“革命的外交”要素的论述基础上所言：

> “故所谓革命式外交者，一方面利用民众势力为其后盾，一方面又不必失其主动之地位。换言之，即在外交的运用上，应指导民众行动，利用之以作对外之武器，而又不可使外交机关作弥缝民众运动结果之工具。故真正外交必须内而唤醒民众，集中全国之视眼与力量以对外，外而刚柔并施，使敌人慑于势，屈于理，而不敢肆无忌惮！”[118]

国民外交运动的倡导者们试图控制和引导大众力量，在某种程度上回归了“审慎”的外交态度。运动起来的外交实质上是一种纪律与激情的平衡艺术。

## 注释

1. 钱基博：《国民外交常识》，第 7 页。
2. 曾扩情：《战时之国民外交运动》，《西北日报》1941 年 5 月 15 日，第 3 版。
3. 邹韬奋：《读者信箱外集》第 1 辑，上海：生活周刊社 1930 年版，第 158 页。

4. 同上书，弁言，第1页。

5. 屠景山：《中国的出路》，出版者不详，1930年，第107—110页。孔祥熙等：《抗战与外交》，重庆：独立出版社1939年版，第9页。李季谷：《李氏初中外国史》，上海：世界书局1934年版，第61页。徐凌云：《近世西洋外交史》，南京：正中书局1937年版，第21页。

6. 袁道丰：《辟弱国无外交论》，载外交评论社主编：《外交之基本知识》，南京：正中书局，第53—54页。袁道丰个人经历见，袁道丰：《战后各国外交政策》，上海：商务印书馆1934年版，自序，第1页。袁道丰在书中称施泰因为斯达因。

7. 袁道丰：《辟弱国无外交论》，第58—59页。袁道丰在书中使用的人名为笛卡细（Decazes）和甘贝达。普法战争后，法国梯也尔政府在整体上实行集中资源推动国内建设、避免对外主动挑衅强国、减少争端和公开对抗的政策，以谋求长期的国力恢复、为复仇积蓄力量，即袁道丰所提及的 politique de recueillement。静默外交（diplomatie du silence）是该整体战略的一个部分，在具体的外交行动上，主张克制言论、保持低调。袁道丰将 politique de recueillement 译为静默外交，有失偏颇，但其著的内容表述大体说明了法国静默外交经验对中国的启示意义。

8. 袁道丰：《辟弱国无外交论》，第60—62页。袁道丰在书中称施特雷泽曼为斯托莱斯曼。另见，潘公弼：《时事新报评论集（一九三一）》，上海：四社出版部1934年版，第172—173页。戈公振：《史特莱斯曼之回忆》，载生活书店编译所编：《人物评述》，上海：生活书店1937年版，第162—164页。

9. 屠景山的著作多为法学著作，例如，屠景山：《英国宪政论》，上海：世界书局1929年版。屠景山：《亲属法原论》，上海：世界书局1931年版。屠景山：《破产法原论》，上海：大东书局1929年版。屠景山：《民法债编原论》，上海：大东书局1931年版。

10. 屠景山：《中国的出路》，自序，第1页。

11. 同上书，第112—119页。另见，谢彬：《中国丧地史》，第1—2页。

12. 屠景山：《中国的出路》，第110—112页。

13. 同上书，第107页。

14. 龚弘：《意大利抗战建国小史》，重庆：独立出版社1941年版，自序，第2页。

15.《世界名人特写续编》，陶菊隐编译，上海：中华书局1941年版，第45页。书中将礼萨汗译为吕查汗。

16. 吴克刚：《现代捷克斯拉夫政治》，上海：商务印书馆1937年版，第192页。书中将贝奈斯译为班纳斯。

17. 屠景山：《中国的出路》，第109—112页。印维廉：《亚洲民族反帝运动史》，上海：华通书局1934年版，第226—229页。《世界名人特写续编》，第70页。程中行：《土耳其革命史》，上海：民智书局1928年版，第73—85页。［土］阿皮沙剌：

《土耳其恢复国权之经过》，外交部译印，出版年不详。柳克述：《新土耳其》，上海：商务印书馆 1927 年版，第 305—323 页。柳克述：《土耳其革命史》，上海：商务印书馆 1929 年版，第 77—129 页。林万燕：《土耳其最近之外交政策》，南京：正中书局 1937 年版，第 33—47 页。

18. 印维廉：《亚洲民族反帝运动史》，第 135—142 页。另见，谢彬：《中国丧地史》，第 1—2 页。林中川：《暹罗废除不平等条约的经过》，载《暹京国民日报五周年纪念刊》，上海：民国日报社 1933 年版。周鲠生：《不平等条约十讲》，上海：太平洋书店 1928 年版，第 68—70 页。

19. 周鲠生：《近代欧洲外交史》，上海：商务印书馆 1927 年版，第 15—16 页。

20. 袁道丰：《辟弱国无外交论》，第 63 页。

21. 同上书，第 50 页。

22. 屠景山：《中国的出路》，第 121 页。钱亦石：《中国外交史》，上海：生活书店 1938 年版，第 10 页。张弼：《现代外交的基本知识》，第 10 页。

23. 王友直：《国际现势》，中央军校特别训练班政训科 1936 年版，第 168 页。

24. 罗家伦：《我对于中国在华盛顿会议之观察》，载《华盛顿会议》，北京：晨报社 1922 年版，第 113 页。

25. 屠景山：《中国的出路》，第 110 页。

26. 陈耀东：《国民外交常识》，第 241 页。另见，吴君如：《近世中国外交史》，上海：神州国光社 1933 年版，第 379 页。

27. 屠景山：《中国的出路》第 98 页。

28. 印维廉：《亚洲民族反帝运动史》，第 135—142 页。

29. 王正廷：《外交力量与废除不平等条约》，《现代百科文选》，王子坚编，上海：经纬书局 1935 年版，第 398 页。

30.《弱国无外交乎？》，载罗承烈编，《新民报社论第一集》，南京：南京新民报社发行部 1936 年版，第 12—13 页。

31. 陈耀东：《国民外交常识》，第 264—265 页。

32. 外交学会：《外交大辞典》，王宠惠序。

33. 谢扶雅：《国际问题》，上海：青年协会书局 1926 年版，第 171 页。

34. 洪钧培：《国民政府外交史》，第 388 页。

35. 例如，陈耀东：《国民外交常识》，第 264 页。张韶舞：《中国革命史》，南京：中央陆军军官学校政治训练处 1931 年版，第 113 页。赵宗预：《小学校的公民教育》，出版地不详，新时代教育出版社 1928 年版，第 50 页。张九如：《群众心理与群众领导》，上海：商务印书馆 1934 年版，第 453 页。

36. 陈耀东：《国民外交常识》，第 259—264 页。

37.《京外国民外交运动愈形踊跃》，《晨报》（北京）1921 年 12 月 29 日，第 2 版。

38.《国民外交运动之踊跃》，《晨报》（北京）1921年12月25日，第2版。

39.《国内外之国民外交运动》，《晨报》（北京）1921年12月30日，第2版。

40.《唐山市民之国民外交运动》，《晨报》（北京）1921年12月26日，第2版。

41.《国民对于外交运动之一致》，《晨报》（北京）1921年12月17日，第2版。

42.《国民外交运动应取的步骤》，《东南日报》1921年12月20日，第4版。

43.《国内外之国民外交运动》，《晨报》（北京）1921年12月30日，第2版。

44. 陈耀东：《国民外交常识》，第245页。

45. 同上书，第260页。

46. 同上书，第263页。

47.《国内外之国民外交运动》，《晨报》（北京）1921年12月30日，第2版。

48. 陈耀东：《国民外交常识》，第265—266页。

49. 周鲠生：《革命的外交》，上海：太平洋书店1929年版，第8页。

50. 黄警顽：《华侨对祖国的贡献》，上海：棠棣出版社1940年版，第15页。有关抗战时期华侨总数，魏宏运认为学界提出的1 000万左右是可信的。见氏著：《抗战时期的华侨捐输与救亡运动》，《近代史研究》1999年第6期，第157—166页。

51. Odd Arne Westad, *Restless Empire: China and the World since 1750*, London: Bodley Head, 2012, p. 214.

52. Prasenjit Duara, "Nationalists among Transnationals: Overseas Chinese and the Idea of China, 1900—1911," in Aihwa Ong & Donald Nonini, eds., *Ungrounded Empires: The Cultural Politics of Modern Chinese Transnationalism*, New York: Routledge, 2003, pp. 49—60.

53. Wang Gungwu, *China and the Chinese Overseas*, Singapore: Times Academic Press, 1991. Zheng Youkui, *Foreign Trade and Industrial Development of China: An Historical and Integrated Analysis through 1948*, Washington: University Press of Washington, D.C., 1956. George L. Hicks, *Overseas Chinese Remittances from Southeast Asia, 1910—1940*, Singapore: Select Books, 1993.

54. 潮龙起、吴俊青：《社会动员视阈下的民族主义话语与抗战时期华侨祖国认同的构建》，《华侨华人历史研究》2020年第4期，第68—77页。曾瑞炎：《华侨与抗日战争》，成都：四川大学出版社1988年版。黄小坚、赵红英、丛月芬：《海外侨胞与抗日战争》，北京：北京出版社1995年版。Cheong Kee Cheok, Lee Kam Hing, and Pop Ping Lee, "Chinese Overseas Remittances to China: The Perspective from Southeast Asia," *Journal of Contemporary Asia*, Vol. 43, No. 1, 2013, pp. 75—101. Steven Phillips, "National Legitimacy and Overseas Chinese mobilization," *Journal of Modern Chinese History*, Vol. 7, No. 1, 2013, pp. 64—86. Stephen Leong, "The Malayan Overseas Chinese and the Sino-Japanese War, 1937—1941," *Journal of Southeast Asian Studies (Singapore)*, Vol. 10, No. 2, 1979, pp. 293—320. 有关战时华侨的角色，见张秀明的研究综述。张秀明：《海外华侨

与抗日战争研究述评》,《抗日战争研究》2024 年第 2 期，第 124—143 页。

55. 教育部民众读物编审委员会:《抗战中的华侨动员》，南京：正中书局 1938 年版，第 7 页。郭威白等:《抗战与华侨》，重庆：独立出版社 1939 年版，第 33—39 页。黄警顽:《华侨对祖国的贡献》，第 187—217 页。

56. 教育部民众读物编审委员会:《抗战中的华侨动员》，第 8 页。

57. 陈汝舟编:《美国华侨年鉴》，纽约：中国国民外交协会驻美发行处 1946 年版，序言，第 47 页。

58. 有关留学生群体与华侨群体在抗战期间不同的救国道路与心态，参见，王奇生:《留学与救国：抗战时期海外学人群像》，桂林：广西师范大学出版社 1995 年版，第 288—295 页。

59.《革命文牍类编》第 9 册，上海：上海自由社 1912 年版，布告类，第 13 页，章程及规则类，第 8—9 页。

60.《欧美留学生对于外交之决议》,《晨报》(北京) 1919 年 5 月 5 日，第 3 版。《留学生之外交声援》,《晨报》(北京) 1919 年 2 月 17 日，第 3 版。

61. 王奇生:《留学与救国：抗战时期海外学人群像》，第 200、212—221 页。

62. Soon Keong Ong, "'Chinese, but not Quite': Huaqiao and the Marginalization of the Overseas Chinese," *Journal of Chinese Overseas*, Vol. 9, No. 1, 2013，pp. 1—32. Lin Man-houng, "Overseas Chinese Merchants and Multiple Nationality: A Means for Reducing Commercial Risk (1895—1935)," *Modern Asian Studies*, Vol. 35, No. 4, 2001, pp. 985—1009. Xie Kankan, "Ambivalent Fatherland: The Chinese National Salvation Movement in Malaya and Java, 1937—1941," *Journal of Southeast Asian Studies*, Vol. 52, No. 4, 2021, pp. 677—700.

63.《中央宣传部组织条例》，载中国第二历史档案馆编:《中国国民党中央执行委员会常务委员会会议录》第 10 册，桂林：广西师范大学出版社 2000 年版，第 201—202 页。

64. 陈耀东:《国民外交常识》，第 265—266 页。

65. 唐卢锋、戴渭清:《前期小学社会课本教学法》第 8 册，第 104 页。

66. 金平欧:《对日决争之认识与策动》，南京：南京拔提书店 1933 年版，第 25 页。另见，郭威白等:《抗战与华侨》，第 25 页。

67.《国际宣传工作提纲》,《西北文化日报》1938 年 2 月 12 日，第 2 版。

68. 林云谷:《动员华侨问题》，重庆：中山文化教育馆 1938 年版，第 25—33 页。

69.《侨胞教育》，南京：行政院新闻局 1947 年版，第 17 页。另见，陈耀章:《华侨报纸在战时应努力的几点》,《华侨动员》1938 年第 13 期，第 12 页。王基朝:《抗战新形势下的侨胞任务》,《华侨动员》1938 年第 13 期，第 6—9 页。

70. 张铁侠:《荷印华侨小学课程编制问题》,《荷印华侨年鉴》，出版信息不详，第179—181、190、193、199—200页。张铁侠文著于1926年。

71. 陈耀东:《国民外交常识》，第136页。

72. 李作华:《世界弱小民族问题》，上海：太平洋书店1929年版。胡石明:《近代弱小民族被压迫史及独立运动史》，上海：大东书局1929年版。张弼、吴清友:《亚洲弱小民族剪影》，上海：生活书店1937年版。张肇融:《弱小民族与国际》，南京：正中书局1936年版。王一鸣:《世界弱小民族的解放运动》，香港：青年协会书局1939年版。

73. 陈耀东:《国民外交常识》，第137页。

74.《国内外之国民外交运动》,《晨报》(北京）1921年12月30日，第2版。

75. 邵力子等:《国际援华运动》，重庆：独立出版社，出版年不详。

76. 钱俊瑞等:《救亡手册》，上海：生活书店1938年版，第79页。

77. 金仲华:《我们的外交路线没有走错》,《光明的前途》，潘梓年等，西安：战时出版社，出版年不详，第123—124页。

78. 王礼锡:《在国际援华阵线上》，序，上海：生活书店1939年版，第2页。

79. 吴铁城:《国民外交之意义与任务》,《中央日报》1942年6月28日，第4版。

80. 严衍钧:《全面抗战与国民外交》，第16页。

81. 参见，陈铭枢:《巩固统一抗战到底》，汉口：祖国书店1938年版，第46页。

82. 张闵仁:《国际反侵略运动大会简史》，汉口：国际反侵略运动大会中国分会1939年版，第13—15、37—60页。

83. 鲁亦英编:《国际反侵略运动与中国抗战前途》，上海：中外编译社1938年版，第86—94页。另见，国际反侵略运动中国分会:《二年来之国际反侵略运动中国分会》，重庆：新蜀报社1940年版。

84. 王礼锡:《在国际援华阵线上》，第12、32、44—45、64页。

85. 同上书，序，第2页。

86. 千家驹等:《实用国民年鉴》，桂林：文化供应社1941年版，第107—108页。

87.《中缅文化协会致中央宣传部呈稿》，1941年6月21日，中国第二历史档案馆:《中缅文化协会等为筹组中国访缅团访缅事宜相关函件一组》,《民国档案》2010年第1期，第17页。中国第二历史档案馆:《中缅文化协会大事记（1939.12—1942.3）》,《民国档案》2009年第4期，第56页。

88. 例如,《五千人热烈欢迎缅甸访华团抵渝》,《时事新报》1939年12月13日，第3版。《缅访问团将来渝，各界筹备热烈欢迎》,《时事新报》1939年12月7日，第3版。《缅甸访华团昨飞抵渝，各界今日开欢迎大会》,《东南日报》1939年12月13日，第2版。《本省各界昨欢宴缅甸记者访华团，新闻界招待游览西山并在华亭寺举行公宴》,《中央日报》(昆明)，1940年12月26日，第4版。《缅甸记者访华团离渝飞滇返缅，发表〈告别中国友人书〉》,《扫荡报》(桂林)，1941年1月15日，第2版。谢仁钊：《缅甸纪行》，重庆：独立出版社 1942 年版。

89. 陈耀东：《国民外交常识》，第 249 页。

90. 同上书，第 250 页。

91. 同上书，第 249 页。

92. 同上。

93. 同上。

94. 同上书，第 245 页。

95. 同上书，第 247—248 页。

96. 同上书，第 248 页。

97. 同上书，第 251—252 页。

98. 同上书，第 245 页。

99. 严衍钧：《全面抗战与国民外交》，第 45 页。

100. 王仲和、金崇如、冯顺伯：《初中公民学教本》第 2 册，第 83 页。

101. Hans van de Ven, *War and Nationalism in China: 1925—1945*, p. 432.

102. 中共中央文献研究室、中央档案馆编：《建党以来重要文献选编（一九二一——一九四九）》第 1 册，北京：中央文献出版社 2011 年版，第 133 页。

103.《中国国民党第二次全国代表大会宣言及决议案》，中央执行委员会印行，1926 年 2 月，第 2 页。

104. 夏天：《中国外交史及外交问题》，第 363 页。

105. 周鲠生：《革命的外交》，第 1、3、5—6、8 页。

106. 左双文等：《折冲之道：以颜惠庆、傅秉常、张忠绂等为中心》，第 455—498 页。李恩涵：《北伐前后的“革命外交”：1925—1931》，台北：“中研院”近代史研究所 1993 年版。

107. 张韶舞：《中国革命史》，第 113—114 页。

108.《中国近百年外交史纲》，出版社不详，1935 年版，第 155—165 页。

109. 姚希明：《领事裁判权的撤废问题》，广州：中国国民党广东省宣传部印行 1930 年版，第 2 页。

110. 吴铁城：《国民外交之意义与任务》，《中央日报》1942 年 6 月 28 日，第 4 版。

111. Philip M. Taylor, *The Projection of Britain: British Overseas Publicity and Propaganda, 1919—1939*, Cambridge: Cambridge University Press, 1981, pp. 2—5.

112. 陈耀东：《国民外交常识》，第 251 页。

113. 严衍钧：《全面抗战与国民外交》，第 13 页。

114. Wei Shuge, *News Under Fire: China's Propaganda against Japan in the English-Language Press, 1928—1941*, Hong Kong: Hong Kong University Press, 2017, p. 198.

115. 王奇生：《革命与反革命：社会文化视野下的民国政治》，第 100 页。

116. Christina la Cour, “The Evolution of the ‘Public’ in Diplomacy,” *Place Branding and Public Diplomacy*, Vol. 14, No. 1, 2018, p. 26.

117. Harold Nicolson, “Peacemaking at Paris: Success, Failure or Farce?,” *Foreign Affairs*, Vol. 25, No. 2, 1947, pp. 190—203.

118.《弱国无外交乎？》，第 13 页。

# 第三章　学习国际法：让外交知识规范起来

在国民外交知识普及的过程中，是否要学习国际法、为什么要学习国际法、怎么样学习国际法的问题是在争论中产生的。在周鲠生解释其对“革命的外交”的定义时，他坦率地谈到，强调在外交中依靠民众力量、抛弃传统外交技艺可能受到曾经接受绅士教育、拥护传统的外交官批判。但是，他对这些批评不以为然，甚至提出中国需要一点所谓“流氓式的”外交。[1] 周鲠生本人正是一位接受西式绅士教育、深谙传统外交技艺的学者。他在英国爱丁堡大学获得法学博士学位，回国后在北京大学、武汉大学等高校开设国际法、外交学、外交史、国际关系等课程，并编写了《国际法大纲》《现代国际法问题》《不平等条约十讲》《近代欧洲外交史》《万国联盟》等学术专著和高等学校教材讲义。类似的矛盾也体现在大众外交知识读本之中。尽管陈耀东的《国民外交常识》最终落脚于“刚性的国民外交”的概念，突出强调高昂的大众情感、严密的组织纪律、严格服从的精神，但是在此前上下篇共十七章的内容中，他向民众全面介绍了国民应具备的国际法常识。[2] 推而广之，虽然大众外交知识读物普遍强调国际关系弱肉强食的特征以及民众必须集结力量、展开激烈的国民外交运动，但是他们并未全然排斥国际组织和国际机构，也对大众运动中潜藏的不遵守国际礼法的行为和态度表示担忧。在国民外交运动中，除了服从领导和遵守纪律之外，他们也希望通过培养民众的国际法意识，使他们的行为处于标准的规范性约束之中。

1929 年，上海世界书局出版了 ABC 系列丛书，其中包括《国际法

ABC》一册。该书以“ABC”命名，意取西文中“各种学术的阶梯和纲领”之意。这一套“ABC丛书”力图将各种学术“通俗起来”“普遍起来”，使人人都能有获得各类知识的途径，让知识从知识分子的专利转变为全体民众都可享有的资源。所以，“ABC丛书”定位为“通俗的大学教育”“新智识的源泉”。为此，该丛书的写作风格尽可能“浅显而且有味”，使青年读者“绝不会感到一点疲倦”，是可以广泛使用的教本和参考书。[3]在中小学的国文、地理、历史、社会等课程中，国际法知识也融入学校教育的各个阶段。并且，各学科设计多种方式让学生加深对国际法知识的印象。例如，高等小学国文课在总复习时，为了增加趣味、加强学习效果，会安排儿童走上讲台进行题为“保护外人”的演讲。[4]1935年，中国文化建设协会举行全国读书运动大会，号召全国民众多读书、增加知识储备，通过“充实自己的学力”“建设自身的智能”来“充实民族的力量”“建设民族的文化”。[5]在此背景下，各出版社结集出版了如何教导民众阅读各科目书籍的书刊。在指导民众研究国际问题时，各类读书指导刊物都指出民众不可不学国际法。[6]正如林学忠所说，进入20世纪后，国际法不再是精英和学者的专利，而转变为公共领域的话题，就连小学生也会谈论国际法。[7]

通过向普通民众普及一些国际法常识，使日益流行起来的、蓬勃运动起来的外交知识能被规范地运用和实践，是向大众讲述国际法的使命之一。面向普通读者讲授国际法要处理几个问题：如何在国民外交运动的实践场景中介绍国际法的概念和规范，如何在大国政治与战争冲突的现实中向民众解释国际法的规范价值，如何让民众对纷繁复杂的国际法知识产生兴趣并迅速掌握其要点。

条约与“不平等条约”、外交官与领事官、侨民及外国舰船是普通民众在国民外交实践以及日常生活中常接触的对象。它们既是“外国”在现实中外关系中的具体代表，也承载了国民对帝国主义愤恨的情感。通过向民众介绍有关条约、“不平等条约”、外交特权、外侨以及舰船权利等一系列国际法知识，大众读物希望这能为民众的行为提供法律层面的规范性约束。同时，大众读物也引导民众思考法律逻辑与力量逻辑在中国外交现状以及国际政治现实中的竞逐，期待民众能在国际法的“有用”与“无用”之间重新认识这个世界以及中国的地位。

## 一、学理：外交的国际法基础

在外交学的学术体系中，国际法承担着重要的学理功能，为解释和规范国家间外交互动提供了法理框架，也为证明国家外交行为的正当性奠定了理论基础。国际法的一系列概念、术语、规范性文本等要素支撑了外交理论和实践的发展。[8]1648 年签订的《威斯特伐利亚和约》中确立的主权平等概念至今仍是国家间平等交往的法理基础。18 世纪至 19 世纪，“公海自由”“无害通过权”等海洋法概念进一步发展，为国家边界、渔业、航行等外交谈判提供了法理依据。1961 年签订的《维也纳外交关系公约》则是更晚近的例子，其中外交豁免、不可侵犯权、特权等条款丰富了现代外交实践的概念框架，也推进了外交人员保护和使馆运行规则的制度化。

20 世纪上半叶，中国外交学者在其理论著作中尤为关注国际法在外交学理论与实践中的价值。杨熙时在《现代外交学》中提出，国际法是外交学的法律基础。国际公法是国际政治的基础，而且国际公法的内容随着国际政治现实的发展演进而变化。外交学作为“国际政治中的一种现象”，与国际法有相似的视野和名词术语体系，它们经常“讨论属于同样的事件，使用同一的名词”。[9] 简言之，国际法是规范外交行动的现行原则。廖德珍用生动的比喻指出，外交之学如同“树之根干”，外交之术如同“树之果实”，而国际法正是“其学”，外交则是“其术”，二者如“鸟之双翼，失一不可”。[10] 杨振先也在其著中支持杨熙时和廖德珍的观察，[11] 并进一步强调，以国际法为“学”、以外交为“术”并不意味着二者势如水火、无法共存。相反，二者“如胶似漆、相辅而行”，没有国际法基础的外交学“根本不能成立”，国际法也需要依靠外交学才能使其学理得以“显明”。[12]

在刘达人建构的“外交科学”体系中，他对于国际法与外交学相互依存的关系进行了更完整的解释。在刘达人看来，外交与国际法相互独立又互为补充，即“研究外交，不可不明国际法；研究国际法，更不可忽略外交”。为此，他同时完成了三本著作《外交科学概论》《外交大辞典》和《国际法发达史》。虽然三者所用资料和写作目的有所差别，但是刘达人指出其中“事实可以互补短长”、理论也是“前后贯通”的。[13]刘达人的外交科学体系划分为“纵”“横”和“规范”三个部分。所谓“纵的方面”主要梳理各国外交实践、政策由古至今的历史；“横的方面”主要从制度的视角探讨外交机关、行政、政策以及国际组织、会议、条约、行政等问题；“规范的方面”或曰“想象的方面”则主要关注规范国家外交行为的法律和道德。[14]其中“规范的方面”中的国际法内容直接探讨“应然”的问题，“横的方面”包括了国际法在外交领域中的具体展现。所以，事实上，国际法构成了刘达人的外交科学体系的基石。

在国际法学者的眼中，外交学与国际法的关系同样盘根错节。宁协万在《现行国际法》中指出，从学术上而言，外交学与国际法的研究视野相近，都关注国家类型、使节权限、条约性质等问题；在实践上，国际法研究者应该熟谙外交政策，外交政策的制定和执行者也应精通国际法。[15]在外交学和国际法的专门学术专著中，其核心章节都包括有关国家的种类、权利、责任，自然人的国籍、外国人居留权、船舶和航空器之权利、领土问题，外交机构、外交使节特权、领事，国际会议与国际组织，国际条约的签署、成立、修订，国际谈判、调停、仲裁等内容的探讨。并且，在行文中或书末附有重要的国际条约以及国际会议协定。[16]可以说，二者的基本架构是类似的。

17—19世纪，国际法学家围绕国际法根据展开讨论，形成了实在法派和自然法学派。前者的影响力逐渐超过后者，越来越多的国际法学家认为国际法之所以有拘束力不是由理性赋予的，而是因为国家对它的承认。因此“公认”（common consent）是国际法“唯一的基础”。国家默示的公认即惯例，明示的公认即相互缔结的条约。[17] 换言之，国家间的相互交往以及在此基础上形成的共识成为国际法学理发展的实践渊源，充实了国际法根据。

尽管国际法与外交学在学理上的关联是国际法和外交学界的共识，但是对于如何处理二者在学科的发展与实践中的共生关系，不同学者的观点仍有差异。在外交理论与实践的发展中，国际法并未一直被奉为圭臬。刘达人用“法治主义派”和“外交派”概括不同流派的主张。“法治主义派”强调一切国际关系都应以法律为准绳，致力于建立共同的、成文国际法，提倡建立国际裁判法庭制度，通过司法途径解决外交争端。相较之下，“外交派”虽然承认国际法应该作为各国国际行动的准则，但是并不热衷于建立国际司法制度或者编纂国际法典，而是更强调外交手段的灵活性和实用性，及其对于处理国际纷争的实际意义。[18]1944 年 3 月，国际法学者布赖尔利（James Leslie Brierly）在英国皇家国家事务研究所发表讲演，也概括指出了学界流行的关于国际法的两种相互矛盾的观点。一派观点将国际法视为“幌子”，认为它只是国际法学家讨论和写作的游戏，国家只有在为自身行为辩护时才提及，却并不真正在意它。与之相反，另一派观点视国际法为一种“强有力的工具”，他们相信如果法律专家能够起草一部国家间的法典，那么人类便可以永远和睦相处。[19]

刘达人和布赖尔利的描述是对国际法在外交实践中处境的真实写照。在国际法与外交的互动关系中，既有对和平理想境界的追求，也遭遇现实的困难和挫折。一方面，国际法与外交学的学理互动充分展现在精英外交知识的培育中。如前文所述，国际法是职业外交官和高等学府外交学专业的重要课程。廖德珍直接强调，在外交家应掌握的学问中，国际法居于首位。[20] 另一方面，国家外交实践也受制于现实权力较量，国际法并不享有至高无上的约束力和惩治力。在国际法的发展历史中，国家对国际法的漠视与质疑从未缺席。可以说，从17世纪至今，外交的理论思想和实践规范的演进始终与国际法理论和成文条款的争鸣相伴而行。二者有分野，但也共生共存、不可分割。

## 二、矛盾的认知：文明世界抑或强权丛林

川岛真将中国在19—20世纪接受国际法的过程总结为“教科书式的接受”“程序性接受”“价值解释性接受”三个阶段。[21] 这大体反映了知识精英最初对国际法理解和运用的不同维度，即最初的文本翻译，到逐步形成完整的政府机制和理论体系来应用国际法文本，再到从更深层次接纳并融入国际法背后的思想与价值取向，致力于加入西方意义上的“文明国家”行列。晚清以降，随着林则徐组织翻译《各国律例》、丁韪良翻译《万国公法》、联芳和庆常翻译《星轺指掌》，国际法学术著作和条规文本逐渐走入晚清官员与知识界的视野。[22] 随着国际法传入，晚清也逐步在制度上完善对外交往体制，建立总理衙门、外国驻京公使馆、中国驻外使馆。这些行动意味着中国希望逐步按照欧洲国家业已建立的国际法规则加入国际社会，成为“文明国家”（family of nations）的一员。[23]19世纪末20世纪初，晚清政府更寄希望于通过参加国际组织和国际和会、缔结国际条约等方式，以“文明国家”的身份跻身万国行列，力图以“公法外交”改变国家地位。1899年和1907年，中国两次参加在荷兰海牙举行的保和会；1905年后，全国掀起“文明排外”运动。中华民国成立后，政府外交官也运用国际法规则展开“修约”外交行动。[24]

可以说，晚清之际，国际法逐渐成为讲述国际关系以及中国国际地位的话语媒介。[25] 在译介、传播和吸收国际法传递的“自主”“平等”“独立”等概念的过程中，中国立志于摆脱“半文明”“未开化”“野蛮”的身份标签并成为“文明国家”的一员。所以，中国对国际法的早期印象

充满对“文明化”的渴盼和向往，相信公平、正义的国际法可以为中国的国际地位以及世界和平提供保障。

但是，中国的知识精英和外交官员并没有沉溺于这种不真实的幻象中。他们很快意识到业已形成的国际法原则和文本是西方“文明”国家的游戏，更是他们用以扩张侵略、殖民统治、维持不公正的国际秩序的强权工具。所谓“文明”与“野蛮”、“开化”与“落后”的分野，并不是引领被殖民国家走向光明的航标，反而成为桎梏其不平等地位的枷锁。所以，知识界和业界很快形成了另一种思路，即批判国际法在强权林立、弱肉强食的国际政治现实中的虚伪面目以及中国运用国际法改变命运的渺茫前途。

简言之，自晚清以降国际法传入中国后，中国人形成了看待国际法的两种态度，即将国际法视为构建和维持文明世界的准绳或视其为支配强权丛林的政治工具。它们互相矛盾，但也一直并行。一方面，中国从未中止对国际法的学习争论以及运用实践，利用国际法改变中国的国际地位，乃至构建平等的国际秩序是外交精英和法律精英的理想。另一方面，中国也并未全然寄希望于国际法、国际和会、国际条约来改变国家命运，同样批评国际法的缺位、虚伪、无力。在这两种观点的角力中，国际法在中国社会流传并生根。这也构成了公众了解国际法的背景。在这个过程中，中国并非西方国际法体系亦步亦趋的跟随者，而是通过翻译和内化，[26]利用国际法为自己开辟了一个谋生存的空间，尽管这个空间看似狭小且前途模糊。

诚然，早期的国际法翻译带给清政府巨大的知识冲击、同文馆的国际法教学也揭开了人才培养的新篇章。但是，正如林学忠所说，其影响力和规模都是极为有限的，只有少数知识分子和开明官僚开始阅读翻译国际法文本、吸收国际法知识、并转变其认识世界的秩序观念。直至甲午战后，中国人才开始普遍关心国际法。20世纪初，留学成为热潮，更多国际法译著引入。报刊杂志等大众媒体上也频频刊发讨论国际法的文章。清政府也在各地遍设讲授国际法课程的专门学堂。至此，国际法才走向更广泛的公众。[27]

各类大众读物希望借用国际法的理论框架，帮助民众在日益激烈的国民外交运动中形成理性的判断和冷静的分析，遏制国民外交运动中极易出现的冲动情感和激烈行为。在外交知识读物作者看来，普通民众在看待外国人时，大多缺乏理智并带有敌意。钱基博认为，这与中国在历史上以及晚近以来的对待外国人的态度不无关系。在国家各据其地、封闭锁国、互相仇视的未开化时代，国外民众的权利一概不受保护，这可谓“敌视主义”。随着社会风气渐开，敌视虐待外国人的情形渐少。但是，因为中国视外部世界为“蛮夷戎狄”的话语传统以及言语风俗不同，本国与外国民众之间的情感仍不相融，认为外国人品质低劣，这是“贱外主义”的表现。近世以来，各国交通往来频繁，“贱外”的心理也渐消弭，但是民众的“利己思想大炽”，仍然“不许外国人有特别之利益或且没收其所得之财产”，这是“排外主义”的影响。[28]陈耀东也看到了蕴藏在普通民众中对外部势力的愤恨，但他也指出在帝国主义侵略压迫的现实下，民众对列强的憎恨是必然的，反抗强权的运动也是为求民族生存的必要活动，在这个过程中难免存在排外情绪。[29]

因此，大众外交知识读物在强调动员国民、团结力量、赢取外交胜利的同时，更希冀以国际法知识规范和约束民众行为。在钱基博看来，这些狂热的排外之举不仅在精神上是国际上“不荣誉”的，而且在现实中是有损中国实际利益的。只有在一定的规则范围内，民众的热情和国民外交行动才能发挥其积极作用。如果不对民众行为加以约束，则国人行为难免出现“非礼及讪骂”“轻佻残忍”“失国际之礼法”等问题。[30]陈耀东也认为，虽然国人有愤恨的心情和冲动之举实属自然，在中国受欺压的情境下也无可厚非，并且以激烈的行动发泄热烈的爱国之情也属人类天性，但是仍应提醒民众注意逞一时之快是难以收获圆满的结果的。他列举义和团运动时民众杀德国驻京公使、拆毁英国国旗，以及中国因此被要求赔偿损失及道歉的事件，说明国民外交运动不能单凭感情冲动，应该有“理智的训练”[31]。在他看来，学习国际法知识就是这种

“理智的训练”的基础。

这种“理智的训练”也包括帮助民众看清国际法在面对国际强权时的无力和缺席。陈耀东同样在其著的序言中谈道，在江湾英机事件中，民众不仅要知道英国士兵拆毁沪杭轨道是不当的，同样应该知道英国军用飞机侵入我国领空更是违反国际法的；民众不仅要知道日轮时常以“不小心”为由撞沉中国民船，更要了解日轮在我内河航行也违反国际公法。[32] 可以说，学习国际法，既是要求民众根据中国加入的国际和约来约束自身行为，也是带领他们从国际法树立规范、维持秩序、失语退场的多重视野重新认识世界以及中国的命运。

## 三、条约与“不平等条约”

条约，在国际法、外交学、外交史学科体系、知识普及和实践应用中，是一个核心名词和概念。条约是国家外交行为、国家间协调的产物，同时也约束国家行为、构建国际关系。在实在法学派看来，条约文本直接体现了国家的“公认”，是国际法的渊源之一。

随着外交知识的流行和普及，在众多国际法名词中，条约也成为中国普通民众最熟悉的名词之一。然而，更准确地说，中国民众首先了解的、也更熟知的其实是“不平等条约”。在中小学教材中，有关条约的知识几乎都囊括在“不平等条约”的概念普及之下。在初等教育的社会、常识、国语、历史、地理等课程中，师生都会讨论不平等条约的内容及其对中国国家、社会和人民的危害。[33] 一名小学生在毕业时或许并不能准确阐述“条约”的概念，但是须能回答何谓“不平等条约”，即“一个弱小的国家，受帝国主义强迫签订而受片面损失的条约”[34]。

在风起云涌的国民外交运动中，“废除不平等条约”是旗帜鲜明的口号。在为儿童编制的百科知识类的《儿童手册》中也包括中外条约简表以及依据条约开放的商埠、各国在华租界和租借地的简表。[35] 中国签订不平等条约的历史更是每个小学生都应掌握的常识。小学会考或初中入学测试时，公民科的必备问题就包括，“总理将远临终的几年有什么主张”。学生应答曰：“主张开国民会议，及废除不平等条约。”[36]抗战胜利后，在从小学升入初中的考试问答中又新增了中国何时开始被逼迫签订不平等条约、何时取消不平等条约两问。其标准答案是：“在一八三八年中英鸦片战争开始，中国便不断被各国所败。到对日本抗战至第五年（一九四二年），美国英国最先自动向我国提出放弃在华一切特权，并于次年一月十一日签订中美中英的平等新约。”[37]

这些围绕“不平等条约”的知识构成了民众接触条约知识的第一扇窗口。事实上，在民国政府的精英外交圈中，中国应该如何在签署和履行条约的过程中追求平等地位也是热点议题。外交部举行的外交官领事官考试要求考生讨论领事裁判权的性质。在北京政府的外交实践中，外交官也运用强迫条约无效和情势变更原则尝试废止领事裁判权。[38]但是，大众围绕不平等条约的讨论却并非围绕国际法的原则和实践展开。大众读物向民众普及不平等条约的知识和口号，其更重要的目的是呼吁民众为旨在“废约”的国民外交运动贡献力量。特别是自20世纪20年代起，在国共两党各自的宣传策略以及竞争之下，“不平等条约”这一名词与两党激发民族主义情绪、构建政党权威的努力紧密相关。在宣传的争夺中，“不平等条约”被赋予了强烈的象征意蕴，但是其基于国际法的本来面目却越来越模糊不清。[39]至今，学术界围绕“不平等条约”的探讨也有两种思路。既有学者围绕此类条约具体的数量、不平等权利的定性、具体危害、修订和废除的法律基础与外交实践等问题展开讨论，也有学者关注“不平等条约”作为一种宣传口号、政治武器、斗争工具的大众话语意义。[40]

在中国遭受帝国主义侵略的现实中，了解“不平等条约”至关重要。但是，在“废除不平等条约”的口号打响之初，致力于向大众普及外交知识的作者就意识到，政治宣传之下的“不平等条约”宣讲可能导致民众缺乏对国际法框架下的条约基本知识的了解。正如陈耀东在《国

民外交常识》中“国际条约”部分的开篇所指出的，

> 晚近吾国民众，渐注意于外交问题，不平等条约这个名词，不分男女，不论老少，总能晓得一点，好像不知道这个名词，便不能算是新时代的人物；这真是国运的一个大转机，我们除了鼓掌欢忭之外，还有什么话可说！不过单晓得不平等条约一个名词，仍不能就算了事，必须晓得他的内容才行；要晓得他的内容，尤不能不先有条约的概念。[41]

在陈耀东看来，民众需要了解的是普遍意义上的条约的概念、性质、原则等知识。

在国际法的学理框架下，学者围绕条约的定义及其各方面要素的讨论并无太多争议。依据宁协万在《现行国际法》中的定义，条约是“国家间之意思合致以文字表示依一定之机关而缔结者”[42]。周鲠生的《国际法大纲》用更直白的文字说明，条约就是“两个或两个以上的国家关于某项相互关系事宜之协定”，是“国家与国家间的契约”。[43]在说明条约的定义之后，国际法专门著作大体从条约的要件、形式、成立、效力、履行、终止、更新、解释、种类、文书格式等方面展开对条约的介绍。[44]

大众知识读物也基本遵循了这样的架构。陈耀东的《国民外交常识》对条约的描述大体反映了向民众普及有关条约的国际法知识的思路。首先，他给出了条约的定义，即“国家间相同的意思，合于几种特定的要件，用文字表现出来的一种行为”[45]。之后，他说明条约包括政治条约、军事条约、经济条约、普通条约四类，在形式上可区分为条约、协约、约定、宣言、协定书、外交通牒，并概括介绍了写作程式。接下来，陈耀东重点向民众介绍了国际条约的“要件”。其一，只有“完整主权的国家”才有缔结条约的能力。其二，国家须有“合法的代表”订立条约，通常为一国的行政元首。但是，共和国家行政元首的订约权受到国会的限制。在君主国家，若其元首权力受到限制，则仅能在其权力范围以内订约。国家也可派遣代表前往订约，但代表必须受到对方承认，并在权限范围内行事。其三，国家间缔结条约必须在双方“自由的同意”的基础上进行，不能对国家及其代表有“诈欺或胁迫”。其四，条约需要“最后的批准”才能发生效力，也就是“国家主权者的承认”，需要通过元首、国会、君主的批准。此外，条约的要件还包括条约的目的“须与事实相符，且属可能的”，以及“必不可违反国际法的原则”。例如，若某条约将一国之土地割让给第三国，这必定是在事实上不可能的条约；再如，国家订立条约分割公海，则违反国际法原则，条约也必不能成立。此后，陈耀东说明“条约不是长生不老的寿星”，并介绍了“国际条约之消灭”的几种情况，包括：期限已满、目的消灭、主体消灭、不能履行、目的已达、主体混同、合意解约、片面解约、情势变迁，并简要用一两句话解释或举例说明每种情形的含义。例如，若两国结成同盟条约，但又开战，则同盟目的不复存在，条约自然消灭；再如，因各国已经大多取缔奴隶制度，从前订立的买卖奴隶条约已属不能履行，因而消灭；另如，若缔约国双方并而为一，如日本吞并朝鲜，那么日朝先前所订之约属于主体混同，也归消灭。最后，他介绍了“最惠国条款”，即“如此国以条约的利益给予第三国时，他国亦得均沾利益”。但最惠国待遇应为“平等的”“互惠的”，而非“片面的”。[46] 陈耀东的上述介绍是对围绕条约本身的一整套国际法知识体系的凝练概括，择其要点浅析描述，而不涉及政治宣传和号召。

与陈耀东的介绍相类似，其他向民众普及条约知识的刊物也遵循了这样的写作思路。其共同特征是在国际法框架乃至更广义上的法律常识框架下说明何为“条约”，而非直接立足于控诉帝国主义侵华的历史或批评清政府和民国政府的外交实践。[47] 更具体而言，大众外交知识读本和国际法著作中的条约知识的着眼点也类似。前者重在讲述如何以国际法原则来理解条约的本质，并以此规范有关条约的外交实践。后者在讲述条约时，其落脚点仍在国际法，旨在通过讨论条约来说明国际法的渊源和实践。同专业外交学著作对条约知识的介绍相比，大众知识读物的目的更在于使民众关注有关条约的具有普遍性的规范和界定，而专业著作则更突出其在不同场景下具体的实践应用。例如，陈耀东在讲述条约知识时会概述条约公文包括的几个部分，如订约理由、全权委员及其权限、条约内容、签约日期等。[48] 但是，廖德珍的《外交学概论》则更详细说明条约、宣言、照会、批准书每一种外交文书的法、英、中文格式、用语和模版。[49]

在国际法框架之下，条约知识不仅涉及国家对外交往中的具体实践问题，而且体现了国家的“公认”，构成了国际法渊源。因此，面向大众的条约知识介绍也在更高层次上强调条约作为世界道义准则和国家行为规范的意义。陈耀东在列举不平等条约的危害时也指出它们“就是世界和平的障碍”“帝国主义侵略的根据”。[50] 类似地，尹衍钧在《全面抗战与国民外交》中也写道国际条约是“保障各国利益与世界和平最有效的工具”，各国遵守条约是维持国际秩序的基础。日本的侵略行径不仅破坏中国的领土主权，而且将《国联条约》《九国公约》《非战公约》等国际条约的尊严“毁灭殆尽”。全面抗战的“真意”除了“为争取国家民族独立生存而抗战”之外，也是为了“维持国际条约的尊严”“维护人道正义与世界和平”而抗战。[51]

同样值得注意的是，在国际法框架下，有关条约的探讨并不回避其平等性的问题，而是首先将其置于普遍意义上的条约合法性以及确认条约生效的要素中探讨。陈耀东在介绍条约须要“自由的同意”时，特别指出“强迫的同意”是不能构成条约的，“至少也不是平等的条约”。[52] 陈耀东在解释中国签订条约的不平等特征时，将其与构成条约合法性的必备要件分别比对，指出其不完备之处。例如，中英《南京条约》《天津条约》《辛丑条约》皆是在武力威慑下签订的，中国的同意至多可称为“强迫同意”，而非“自由的同意”；袁世凯与日本缔结的《二十一条》并未经过国会批准等。[53]

从国际法实践的角度，陈耀东介绍了三种废除不平等条约的方法。其一，中国可以“妨害中国的生存”和“情势变迁”为理由“自助解约”。所谓“妨害中国的生存”，即这些条约危害了中国的独立权，甚至“皆是使我国亡国而有余的条约”。陈耀东因而提出，中国可以“利用适当的时机”和“外交的手腕”将他们解除，但同时应注意“欲速则不达”、切不可草率行事。“情势变迁”是指条约签订时的情势现已不复存在，已不适合时代现实的条约当取消。陈耀东以领事裁判权为例展开说明，中国的律法条件已经完备，不存在列强宣称的律法不备、刑罚残酷、缺乏人道的情况，因此可以援引“情势变迁”原则取消领事裁判权。其二，可以根据条约期满则失效的原则，在条约期满之后收回权利。其三，非法条约无效。诸如《英藏和约》《俄蒙协约》《中日二十一条》等都属于不符合法律手续的条约，因此概不承认其合法性。在国际法框架下，上述三种外交途径是“言正名顺”“理由正大”的。[54]

事实上，这些也正是民国政府外交部在具体的“修约”“废约”以及订立新约的谈判中运用的国际法依据，特别是其中的“情势变迁”和“到期修约”，是北京政府最常援引的规则。南京政府虽然在口号上继续秉承广州、武汉国民政府时期的“革命外交”口号，但实质上其改订条约的谈判实践却与北京政府的策略和主张有明显的连续性。[55]但是，在列强压迫的现实中，熟知国际法规则并不意味着一定能够凭此实现外交诉求。“修改”的成功与否同样受制于国家现实力量的对比以及国际关系的现实。1926年，北京政府首选《中比和好通商行船条约》（1865年）进行“到期修约”谈判，主张该约赋予比利时的单方面修约权违背国家主权平等原则，并单方面宣布该约失效。这也与比利时是诸多在华列强中力量薄弱的一方不无关联。[56]

陈耀东在向民众介绍国际法原则时也注意到了这一点。中国固然可以充分利用国际法对条约的规范性约定为自身争取权利。但是，国际法的规范并不能遮蔽国际政治现实中强权压迫弱小的现实。因此，陈耀东在讲述利用国际法废除不平等条约的方法时，同时指出，如若“帝国主义者强词夺理、硬行霸道”，那么国民应该既采用上述外交手段，也“利用武力作后盾”，从而与“帝国主义者相周旋”。[57]

概言之，国家间签订的条约为国际法的学理基础和实践历史编织了纵横交错的底色。有关条约的知识介绍也构成了大众接触国际法的切面，引领其从耳熟能详的“不平等条约”口号，走入有关条约的更普遍的国际法知识，将民众对中国境遇的热情关切融入普及条约法律常识的过程中，构建其对“不平等条约”的国际法认知。

## 四、外交官与领事的特权

各国外交官员的言行是普通民众接触外交事务、参与国民外交实践、了解世界各国外交政策更直接的媒介。自国际法诞生之时起，有关外交官职责、地位、权利的讨论就是其中的重要内容。国际法和外交学专业著作对外交官的介绍也从其职能开始。依照杨振先在《外交学原理》中的定义：“外交官或使节或外交代表，系办理自国与外国各项交涉事务，借以扩充己国利益的官吏。”[58]宁协万在《现行国际法》中指出：“外交官者，指属于外交总长监管之下，派遣至外国之大使公使及使署参赞官等而言。其因协商特别事务而派遣之官与驻在外国有一定之任务者，皆谓之外交官。”[59]

自19世纪末以来，各国国民对于外交官群体直接参与的国家外交实践并不陌生，但对于外交官的具体职责及其依国际法可享有的特权，则大多不甚了然。在由舒新城编写的在20世纪20年代广为流传的公民课本中，有关“外交”主题的课程正描述了这样的场景。在公民课堂上，授课教师首先提出四个问题请学生依据自身所读所闻回答，包括“国际交涉之产生”“外交官和领事”“中国外交失败史”“中国国民党的外交政策”。对此，课程中的学生认为“第一项是很容易讲的”，至于其余三项，则许久没有学生回应。[60]舒新城的描述并不是对一堂真实的公民课堂的纪实，而是建立在他对民众外交知识的印象基础之上的设计。但他的设计大体说明了，尽管普通民众越来越多接触有关“外交”的消息，但是对其规范细节乃至国际法基础则知之甚少。

大众读物在介绍有关外交官的国际法知识时，主要围绕外交官的具体职责与特权展开。其介绍同专业外交学著作和国际法著作大体一致，即从外交官的等级讲起，分别介绍其具体职责，最后讲述其应享有的特权。按照层级，外交官包括大使、全权公使、办理公使或曰常驻公使以及代理公使。大使的层级最高，由国家元首直接委任，代表国家元首，并可享有一系列仪式上的特权，如在谒见驻在国元首时受隆重待遇、初见时可不免冠、受用 Excellence 称号等。在层级上位列其后的是全权公使。全权公使，由国家元首委任，但代表国家而非元首，所受礼遇略逊于大使，但其职权在实质上并无差别。办理公使，亦称常驻公使，在层级上低于全权公使，但其职权与全权公使相当。陈耀东特别指出，派遣办理公使更似“喜欢搭架子”的大国对小国的蔑视，因为它们不愿意派遣大使或全权公使到小国，就以办理公使代之。层级最低的是代理公使，由外交部派赴，而非元首委任。无论身居哪个层级，外交官的主要任务包括代表本国交涉、保护本国侨民、调查搜集信息等。[61]

在外交学理论和国际法原理中，针对何为外交官的定义是简单明确、甚少争议的。但是，为了帮助读者准确理解外交官的职责和地位，专业学术著作和教材都强调了外交官定义中的一个要点，即肩负政治使命或作出政治行为。[62]之所以著者多强调“政治任务”的重要性，是因为他们希望提醒读者注意外交官同领事或其他从事商务行为的官员的区别。事实上，了解二者的区别既是完善外交知识和国际法知识储备的要求，也是中国面临各国领事在华肆意妄为的现实境遇下的选择。大众知识读本在介绍领事享有的权利以及不应赋予的特权时常带有鲜明的情感导向。例如，陈耀东在其描述中首先铺陈了外国领事“侮辱我政府”“草菅我民命”“各国领事勾结起来”“向我国进攻”等行径。面对中国政府的依例抗议，“领事老爷”或“赏你一个哭不得笑不得的覆文”，或“置之不理”。因此，民众无处申冤，只得“饮泣吞声、自认倒霉”。在陈耀东看来，外国领事在华作威作福固然是帝国主义“穷凶极恶”的表现。

但是，这同样是因为国人不了解外交官和领事在国际法上的不同地位，“往往把领事当外交官看待”。因此，他希望民众能够清楚了解领事的地位和职责，从而“拆穿他的西洋镜，揭开他的假面具”。[63]学习有关领事的知识，更在于从国际法的维度澄清民众对领事与外交官享有特权的误解，使其能够识别领事的不法行为。

在领事的定义中，“商务性”，即“非政治性”，是其最突出的特征。例如，《国际法ABC》在介绍领事时写到，领事是“驻在外国，保护本国经济的利益，报告一切通商贸易的情况”的官员，并特别强调“领事可不是外交官”，并将其职责概括为视察条约履行、保护本国经济利益、保护及管理本国侨民的居住及旅行等事务、保护及管理本国舰船航行及救助等事务。[64]

大众读本希望民众了解的是，以商务性特征为基础，领事同外交官最重要的区别在于其享有的特权不同。为了保障外交官能够顺利、安全地行使职责，外交官享有不可侵犯权和治外法权。具体而言，不可侵犯意味着外交官本人以及使馆不受侵犯。对此，杨振先在其《外交学原理》中解释了其理论根源，即外交官是国家的代表，而国家在国际法上一律平等、不得彼此侵犯，侵犯外交官或使馆相当于侵犯一国主权、破坏该国领土完整、违反国际公法。[65]大众读本则用更加通俗的文字对此加以说明。所谓不可侵犯权，意味着不能侵犯外交官的名誉、身体、财产，也即不能对外交官有强暴、胁迫、侮辱等行为。[66]朱采真特别指出，这既是对驻在国政府的要求，也是对其民众的要求。[67]陈耀东则用中国对外关系中极具有象征意义的东交民巷使馆区来对此举例说明。虽然他斥责东交民巷使馆区是“列强侵略中国的策源地”和“中国太上政府所在地”，但是他也强调外交官享有特权旨在保证其能够“一心一意的行使职务”。[68]

与此同时，报刊上频现有关外交官应享有相应优待以及民众不能辱没外交官的新闻报道。例如，1935年，《南京日报》刊文介绍外交官员应享有的乘车待遇。大使、公使等外交官员来京就任或卸任时可享有车票以及位席、包厢优待，但平时往来则仍需自付。[69]再如，1937年9

月，《新民报》刊登了日本民众一周内多次当街殴打苏俄外交官及其配偶、苏俄驻日大使提出书面抗议的事件。[70] 在国际法和外交知识读物的基础上，这些报道以生动的情节向民众展现了应如何在不同的领域具体实现、保障外交官特权。

民国政府也制定了有关尊重外交特权的国内法规。民国刑律详细指出了不尊重外交特权的各种行为及其应受到的惩处。钱基博在《国民外交常识》中向民众详细列举了这些国内法规条款，提醒民众不应有损害外国国家代表的行为。例如，依据民国刑律第 121 条，“杀外国使节者，处死刑或无期徒刑”。据第 122 条，“伤害外国使节致死或笃疾者，死刑或无期徒刑或一等有期徒刑；致废疾者，无期徒刑或二等以上有期徒刑；致轻微伤害者，二等至四等有期徒刑”。据第 123 条，“对外国使节有强暴或胁迫之行为者，处三等至五等有期徒刑或一千圆以下、一百圆以上罚金”。据第 124 条，“对外国使节有侮辱之行为者，处四等以下有期徒刑、拘役或五百圆以下罚金”。[71] 这些条文用详细具体的刑罚将抽象的国际法学理以及规范具象化，通过国内律法的严格惩治力度说明外交官依国际法享有的外交特权必须受到尊重。

外交官的另一特权为不受驻在国刑事和民事裁判权的管辖。以朱采真的《国际法 ABC》中的描述为例，这首先意味着驻在国政府不得因刑事犯罪拘捕外交官。具体而言，外交官犯有轻微罪行，则不受检举；若所涉情形重大，诸如颠覆驻在国政权等犯罪行为，则可以逮捕外交官，但仍不得对其审判定罪。同样地，外交官触犯民事法律，亦得以免除驻在国裁判权管辖。依照英美法系的规定，驻在国也不得查封外交官的财产。其次，驻在国不得传唤外交官出庭作证。此外，外交官还得以免除征税。[72]

领事享有的特权与外交官特权有相似之处。例如，领事馆可悬挂国旗国徽、领事馆的记录及公文文书不可侵犯、领事非犯有重罪不得拘留、驻在国不得为了结民事案件传唤拘留领事、不得传唤领事到庭作证等。[73] 但是，国际法及外交知识读物在向民众讲授领事特权时，更强调其与外交特权的不同，及其在实践中的限度。陈耀东细致解释了领事的每一项特权，并特别提醒民众注意领事利用特权从事不法活动。例如，领事虽得在领事馆悬挂本国国旗，但领事馆仍受驻在国法律管辖，并且领事馆不得庇护犯人，否则驻在国仍可入内搜捕；领事公文和领事馆记录不可侵犯，但须明确公私界限，不得假公济私、妄用此特权、扰乱驻在国治安，否则驻在国可实行“必要的急迫的处置”；驻在国不得拘留犯有重罪的领事，但可取消其领事认可状、驱逐出境；领事可以免除一些课税，但若无条约约定，则依然可以征税。[74]

这些区别是大众外交知识读物在讲述外交官与领事官员的职责与特权时最希望民众注意的内容。一方面，外交官拥有的不可侵犯等特权是国际法公认的、赋予国家的平等的权利，使一国法律得以随其代表和财产延伸，是国家不论大小一律平等、相互尊重的体现。因此，作为国家代表的外交官享有这些特权，而作为商务官员的领事并无该权。领事的特权来源于派遣国与驻在国的条约协定，而非国际法的普遍公认。虽然领事也享有一些与外交官相似的特权，甚至如朱采真所说是“某种形式的治外法权”，[75]但是这并不能与外交官的特权等同。明晰外交官与领事特权的区别正回应了现实中一般民众对在华外交官与领事官员的两种极端情绪：或对其处处服从、忍气吞声，或厌恶至极乃至有更激烈的行动。阐明外交官与领事官员各自的特权并说明其在国际法上的学理渊源，旨在引导民众既尊重国际法，又能利用国际法维护本国权利。

大众读物作者担忧民众不甚了解外交官与领事特权之间的区别，甚至受其蒙蔽和欺侮，也属事出有因。国际法与外交学学者对于领事是否同外交官享有相同的特权这一问题仍有争议。[76]即便在学校教材中，对此问题的介绍也多有含混之处。例如，在舒新城编著的公民教材中，他在介绍领事职责的末尾提到领事与外交官一样享有特权，但是又在详细介绍外交官与领事性质、职责以及权利的区别后专门指出“外交上的特权，领事也不能享有”[77]。虽然舒新城仍致力于重点说明领事职权在于侨民事务，不能与驻在国政府直接交涉，消除普通民众由于“对于外交的法规不甚留意”而将领事也视为外交官的误解。但是，其课文前处谈及领事与外交官一样享有特权却难免误导学生。

此外，大众读物还提醒读者关注另一点区别，即外交官依据国家间公认的国际法规则应享有的合法特权和帝国主义国家通过军事侵略以及签订不平等条约获得的领事裁判权之间的区别。事实上，大众外交读物之所以向民众系统介绍外交官和领事官员应享有的特权也与帝国主义国家在中国享有领事裁判权有关。所谓领事裁判权，是指侨民不受驻在国法律制裁、而受本国法律管辖，其民事及刑诉案件均归领事审判，驻在国政府无权干涉。中国民众经常耳闻的，甚至在与外侨发生纠纷时亲身经历的是不平等的领事裁判权，而非外交官的合法特权。鸦片战争后，中国在与英国签订《五口通商章程》时，赋予英国领事裁判权。此后，瑞士、法国、美国、德国等国相继获得此权。其缘由是这些国家不认为清朝有完备、合理的司法体系，刑法过于严苛，因此要求本国领事拥有审判裁决本国侨民发生的民事和刑事案件的权利。领事裁判权的产生是帝国主义侵略弱国的结果，是一种片面的、不平等的特权，是对驻在国主权的侵犯。[78] 因此，对于外交官依国际法享有的治外法权，驻在国政府和民众都应尊重此权；但是对于带有不平等和侵略性质的领事裁判权，则应予废除。

19 世纪下半叶以来，来自不同国家的外交官、领事官纷纷来到中国。他们的种种行为既有职业的、规范的一面，也有盛气凌人的压迫。这些身为政府官员的具体的“人”的所作所为也是近代以来的中外关系以及中国在国际上所处地位的缩影。普通民众可以看见他们日益增强的影响，然而却并不天然了解其职责以及应受的约束。因此，大众知识读物的作者担心民众或对外国外交和领事官员言听计从、俯首帖耳，或对他们全盘拒斥、引发争端。在向民众讲述外交官与领事的职责与特权时，他们更是在通过国际法的条理和框架重新描绘了现实对外关系中的各色外交人物，使民众能够以冷静、理性的态度面对他们。既尊重外交官和领事应该享有的特权、不盲目排外，又能不被不符合国际法规则的特权所蒙蔽、劝导民众利用国际法规则抵制侵略和压迫。

## 五、外国侨民、舰船与飞机的权利

除外交官与领事之外，各地普通民众也能接触到同他们身份一样平常的外国侨民，看见外国军舰、商船、飞机等，或通过各类报道得知其在华动向。民众应如何在国际法的框架下看待来到中国本土的外国侨民、舰船、飞机，这些来自帝国主义国家的居民和舰船是否应该依据国际法享有特殊权利，还是应被视为侵略者。这些问题不仅关乎一时一地的中外关系以及具体案件的处理，而且影响着国民参与外交的理性和情绪。所以，对外国普通侨民、舰船、飞机应享有的权利以及应遵守规则的介绍，也是大众外交知识读本中的关键内容。

保护侨民的议题不仅涉及外侨在中国境内应受到何种保护，而且关涉中国政府如何保护自身的海外侨民。虽然后者自然更能够引起民众的共情，其案例也能激发更多讨论，[79] 但是大众外交读物主要关注的其实是外侨在中国境内应享有何种权利。钱基博是较早向大众讲述国家应在平时和战时尽保护外侨责任的学者。在其著《国民外交常识》中，他说明国人不仅不能侮辱他国国家代表，而且不应对外国私人有损害行为。一方面，这是因为在中国对外关系历史上，国人若在国内有“损害外国人之生命财产”的行为，中国政府常负有连带责任。另一方面，依据国际法和国家间交往惯例，外国人在居留国受到的保护程度应与本国人相同。国家有义务立法监督本国民众的行为，否则也应担负赔偿责任。[80] 即便在战时，普通民众也不能行损害外国侨民之事。只有国家在战争开始时拥有“追放在留国内敌国人民”的权利，私人并没有这项权利。并且，钱基博指出，当前也少有国家再这样做。他援引内务部在 1917 年 8 月公布的处置敌国侨民的条规，说明中国在参加欧战后也并未驱逐境内的敌国人民，即“敌国人民经该管地方官厅核准后，仍准在原居住地方继续居住、从事和平适当之事业，而其生命财产则予以相当之保护”[81]。

学校各科教材也通过不同方式宣讲民众应尊重普通外侨权利的观念。例如，在高等小学的国文课程中，《保护外人》一课教导学生，“保护外人”不仅意味着不能侮辱外国使节，而且“不得损害普通人民之生命财产”，否则居留国政府应付赔偿责任。[82] 在检验社会科教学成果的各阶段“态度量表”中，“中国应保护外国人在国境内一切利益”也是其中的一个检验词条。[83]

报刊上也频现提示民众应保护侨民的报道。1924年直奉战争爆发后，中央政府向各国使团发表声明称仍将保护各国侨民生命财产。[84] 北伐战争期间，战事波及之地相继宣布保护侨民。[85]1928年，南京国民政府发布《切实保护外人生命财产令》，声明国民政府应尽保护外侨生命财产之责、防范越轨行为。[86] 该政令也经由地方政府层层传达。[87] 抗战结束之后，地方政府也向民众广播，令其遵守保护外侨的布告。[88]

可以说，在大众读物对国际法的宣介中，国民应当在平时和战时尊重普通外国侨民的正当权利已经成为一项普遍的共识。该问题的国际法理论基础是普通外国人隶属居留国法权的程度问题，即他们应享有何种权利、履行何种义务、受到何种保护、遵守何种法律。按照国际法公例，一国应在公共权利上同等对待本国居民与外侨，外侨同本国居民一样享有生命财产自由的权利、旅居游历经商等民法权利，也应服从地方法律管辖、履行缴纳赋税等义务。但是，一般而言，外侨不享受政治权利，如选举权。为防范国家公共利益受到侵害，居留国也可限制外侨从事的职业、经营范围以及其他具体权利。[89] 如周鲠生在《国际法大纲》中所述：“国家对于居留的外人，可以自由定其身份，而使之不能与本国人民享有同等的权利，虽则他们必须受适当的保护，而不可使受专制的法规之压制。但他们不一定与本国人民在民事上及政治上享有同等的资格。”[90] 诸多国际法学家、外交学家在讨论保护侨民问题时，不仅阐明保护侨民的国际法理论基础[91]，而且结合中国签订的条约以及具体的保侨案例分析中国在外交实践上应承担的具体责任和行为准则。[92]

随着中外往来的增多，除了普通外侨之外，外国舰船和飞机也是中国民众能够在日常生活中所常见的。在国际法上，军舰、承担公务使命的特殊船舶以及得到主权国允许驻扎或依据条约驻屯他国的军队，可以因其作为国家的代表的身份享有豁免权。但是，中国境内的外国舰船、飞机、军队多是帝国主义侵犯中国主权的工具。在大众读物向民众普及国际法中有关外国舰船、飞机、军队在他国停留的规定时既指出它们享有的权利，也明确国际法对它们行为的限制。正如陈耀东所言："帝国主义对我国的行动，无往不与国际公法相抵触。我们虽然知道国际公法是列强独占的法宝，久已不适用于中国，但是国际公法对于外国海陆军飞机来到本国，究竟有何种限制，却是我们国民应有的一件常识。"[93]

陈耀东在其著中明确说明外国军队、舰船、飞机应享有的权利及应受限制。得到国际法公认的外国军队通过和驻屯的条件有三种：其一，在征得主权国的明白承认后，方可通过。此项条款只允许外国军队平时临时通过，而不准其长期驻扎。其二，两国若有条约约定并且有互惠的交换条件，则外国军队可以驻屯。其三，若在特殊情形下，外国的请求得到主权国的特许，也准其驻屯。[94]在满足上述三项条件时，外国军队在驻屯或通过时享有治外法权。军官和士兵若因公外出，即便携带武器，也仍享有治外法权。但若因私外出，则不享受此权。若有扰乱地方秩序的行为，则士兵所属国须负完全责任。[95]

军舰，也是一国军事上的代表。在其驶入他国后同样享有不受侵犯的权利、免除司法管辖权、庇护权、免除租税权。20 世纪上半叶，现代国际海洋法的框架尚未形成，有关领海和军舰通过权限的约定主要依据当时的习惯国际法和国家间双边条约而定。[96]军舰可以无须经过他国允许而自由在其领海上航行。若两国关系友好，军舰可以自由出入不重要的港湾，但是主权国家可以出于政治上或国防上的考虑封锁其港湾，或者指定外舰出入时间。外舰一律不准驶入主权国的军港。若无主权国特许，外舰一律不准进入内河航行。享有这些权利的军舰，须悬挂军舰旗，并且由现役海军将校指挥，否则不能以军舰论。在他国行驶的外舰不能违反主权国的利益和秩序，须遵守主权国的港湾规则、检疫规则、中立规则。否则，主权国得勒令其驶离、拒绝其进入内海。并且，因私外出的舰船船员、军队军官和兵士也不享有上述豁免权。[97]

至于飞机，则无论是否具有军事性质，都不得在他国领空任意飞行。只有经主权国允许，方准按照一定的航线飞行。陈耀东具体解释了这项规定的国际法依据，即1919年《巴黎航空公约》第一款："缔约各国，彼此承认各该国领土或领水之上，有绝对完全之领空权。"他进一步援引英国1913年通过的《航空航行法》中的相关条款，说明英国的国内法规定："外国飞机，非得英国政府之许可，不得在英国领空飞行。"[98]

19世纪下半叶以来，外国之人、军士、舰船、飞机涌入中国，甚至从事侵害中国主权和民众利益之事，这是普通民众亲眼目睹的现实。大众读物向民众介绍普通外侨、军队、舰船、飞机享有的权利及其应该受到的限制，实则力图帮助普通读者从国际法框架下重新理解中国对外关系现实中的侵略问题。正如陈耀东所言，民众不仅需要了解英机损毁民房需要赔偿，而且更应该知晓这是违反国际法的行为。[99]民众不仅应了解侮辱外侨是无益于中国的现实利益的，而且应该明确其背后的国际法常识、明白国家行为也要尊重国际法。

大众读物对国际法常识的介绍也时时展现出国际法在国际关系现实中的应用限度。在大众读物讲述外侨在居留国应享有的权利、批评侮辱外人的行为时，也与中国传统的以礼待客之道相结合，强调对待外宾更应如此。[100]在一些公民教材中，国际法也时常被称为"国际礼法"。"礼"则更多反映了道德层面的期待，而非纯粹的法律规定。陈耀东在谈论英国军机违反国际航空公约、侵犯中国领空时，也批评英国自身对飞机入境有严苛的规定，却罔顾他国领空主权。在他看来，英国完全背弃了己所不欲、勿施于人的原则，即便"诉诸国际道德，英国也是说不过去"[101]。这些大众读物的作者并非不知道，在弱肉强食的国际政治现实中，道德的影响力是微弱的。他们提及道德，实则反映了国际法规则在现实应用中的有限性，而非寄希望于侵略中国的帝国主义国家能够在道德的约束警醒。

另一方面，虽然国际法有明确的约定，但是陈耀东却感慨这些规则在中国对外关系现实中能否得到应用则是另一个问题。在普通民众侮辱外侨的事件中，其实质在于外侨的基本权利未能依据国际法受到充分保护。然而，在中国的地方现实中，本国居民与普通外侨所享权利问题的另一面是外侨在领事裁判权的框架下不受中国法律管辖，甚至在现实中滥用此权、危害本国居民的基本权利。顾维钧在其哥伦比亚大学的博士论文中，就指出尽管外国人常指责中国人排外，但是事实上近代以来的中外条约赋予在华外国人居住、通商、旅行、传教的一系列权利不仅包括普通权利，而且包括在领事裁判权保护之下的特权，这是他们在其他国家无法享有的。[102] 陈耀东也在介绍外侨应正常享有的权利时言明，有了领事裁判权作为“护符”的外国人“遂自成一特殊阶级”[103]。军队和舰船问题也同样如此。外国军队在符合特定条件时，尚可驻扎或通过他国。然而，中国军队反而不能在本国土地上自由行动，行经租界时却仍受工部局干涉，甚至要解除武装。[104] 长江和珠江是中国的内河，但是外舰却在此自由航行，视如公海一般，甚至炮击沿江城市，一切国际规则都遭破坏。中国先是对外舰在内河航行“宽大为怀”、未予干涉，而后面对其炮击又无武力支撑、只能“提出书面抗议，在文字上用功夫”。这无非是“聊尽人事而已”。[105] 飞机通过问题亦然。虽然国际条约和国内法都强调领空主权的绝对性，但是外国飞机在中国领空飞行、侵犯主权的行为司空见惯，并尤以英国军机为最。[106]

这样的矛盾为大众理解国际法带来了障碍。其根源并非国际法的法理问题，而是如何在弱肉强食的国际政治现实中践行国际法原则的问题。理想的法律规则与现实的力量竞夺有不同的运行逻辑。国家遵守国际法原则并向普通民众普及国际法常识固然在法律层面体现了国际法的影响力，但是无法保证它在各国复杂的对外关系现实中完整地践行。如陈耀东所言：“这些完全是国家的实力问题，决不是靠公理或正义所能解决的。”[107]

## 六、结语

近代中国对待国际法的情感是复杂的。翻译和学习国际法最初启迪了知识精英和开明官僚对于“文明世界”的热切期盼，但他们也很快在弱肉强食的国际现实中意识到这是一种不切实际的幻想。但是，批判不意味着抛弃。在实践中，中国并未放弃利用国际法规则改变国家地位的努力。

大众读本面向普通公众的国际法知识普及包含了以下几个层次。其一，民众需了解与其参与国民外交运动的行为直接相关的国际法基本约定，例如保护侨民、尊重外交官员等。民众应该依据这些国家公认的原则，约束自身行为，避免引起纠纷。如果说服从革命运动的领导是一种组织纪律约束，那么学习国际法则是希望民众参与外交的行为能受到法律的规范性约束。

其二，大众读物更希望引导民众思考这些国际法约定在现实中是否真正“有用”。大众读本在介绍国际法常识时反复提及法律逻辑与力量逻辑之间的竞逐，并通过具体案例证明了国家实力的现实差距是国际法发挥其约束力的一道障碍。它们也强调国际公法实为帝国主义国家建构起的话语体系，但这些国家又在侵略和压迫弱国时肆意践踏国际法。如陈耀东所叹，没有武力做后盾的公理和正义是难以伸张的。[108]1937年11月11日，严衍钧在欧战休战十九周年纪念日也发出慨叹：“那些保障国际和平的神圣条约（《国联盟约》、《九国公约》、《非战公约》）都已被东亚强盗的魔手扯得粉碎无余。”[109]但这并不意味着民众应放弃了解国际法。顾树森和潘文安在谈及保护外侨合法权利以及外国享有领事裁判权的矛盾时，提供了一套在国际法框架内解决该问题的思路。他们提出，若要制约外人在我国所享有的领事裁判权，则必须先尽保护外人的责任，明确立法、改良司法、预备法庭，由此消除当初赋予外国领事裁判权的基础。他们用更通俗的话向民众指出，不能履行保护外人的职责，便不能行使处分外人的权利。[110] 日本侵华后，虽然一系列保障和平的国际约定名存实亡，但是诸多大众知识读本也指出退出国际组织并非上佳之策。在力量逻辑与法律逻辑的竞争关系中，法律逻辑仍有可能弥补中国无法践行力量逻辑的缺憾。因此，面向大众讲述法律逻辑的重要性仍然有其价值。在学习国际法具体知识、思考国际法规范与国际政治现实的关系之余，大众知识读物更希望民众在国际法的“有用”与“无用”之间重新认识这个世界。

## 注释

1. 周鲠生：《革命的外交》，第 8 页。

2. 陈耀东：《国民外交常识》，第 1—9 页。

3. 徐蔚南：《ABC 丛书发刊旨趣》，载朱采真：《国际法 ABC》，上海：世界书局 1929 年版。

4. 魏寿镛等：《新法国文教授书》第 5 册，上海：商务印书馆 1922 年版，第 203 页。

5. 陈立夫：《代序——全国读书运动大会之开幕词》，载王新命、汪长济编：《现代读书的方法》，上海：现代编译社 1935 年版，第 7 页。

6. 樊仲云：《怎样研究国际问题及其基本书目》，载王新命、汪长济编：《现代读书的方法》，第 182 页。另见中学补充读物，王子坚编：《各科学习研究法》，上海：经纬书局 1936 年版，第 322 页。

7. 林学忠：《从万国公法到公法外交：晚清国际法的传入、诠释与应用》，第 23 页。

8. 参见，Wilhelm G. Grewe, “The Role of International Law in Diplomatic Practice,” *Journal of the History of International Law*, Vol. 1, No. 1, 1999, pp. 22—37. Gerry Simpson, “International Law in Diplomatic History,” in James Crawford and Martti Koskenniemi (eds.), *The Cambridge Companion to International Law*, Cambridge: Cambridge University Press, 2012, pp. 25—46. Charles Chatterjee, *International Law and Diplomacy*, London: Routledge, 2007. Ian F. Hurd, “International Law and the Politics of Diplomacy,” in Ole J. Sending, Vincent Pouliot, and Iver B. Neumann eds., *Diplomacy and the Making of World Politics*, Cambridge: Cambridge University Press, 2015, pp. 31—54。

9. 杨熙时：《现代外交学》，第 32 页。

10. 廖德珍：《外交学概论》，第 2—3 页。

11. 杨振先：《外交学原理》，第 2、6 页。

12. 同上书，第 6—7 页。

13. 刘达人：《外交科学概论》，序言，第 1—2 页。

14. 同上书，第 16—21 页。

15. 宁协万：《现行国际法》，上海：商务印书馆 1927 年版，第 85—86 页。

16. 参见：周鲠生：《国际法大纲》，上海：商务印书馆 1937 年版。宁协万：《现行平时国际法》，北京：聚魁堂 1936 年版。周鲠生：《国际公法之新发展》，上海：商务印书馆 1934 年版。盛沛东：《平时国际公法》，上海：大东书局 1932 年版。刘达人：《外交科学概论》。杨振先：《外交学原理》。

17. 周鲠生：《国际法大纲》，第 20—23 页。

18. 刘达人：《外交科学概论》，第 28—29 页。

19. J. L. Brierly, "International Law: Its Actual Part in World Affairs," *International Affairs (Royal Institute of International Affairs 1944— )*, Vol. 20, No. 3，1944, p. 381.

20. 廖德珍：《外交学概论》，第 10 页。

21. ［日］川岛真：《中国近代外交的形成》，田建华译，北京：北京大学出版社 2012 年版，第 15—16 页。

22. 晚清国际法译著见，林学忠：《从万国公法到公法外交：晚清国际法的传入、诠释与应用》，第 113—122 页。

23. Immanuel C. Y. Hsü, *China's Entrance into the Family of Nations: The Diplomatic Phase, 1858—1880*, Cambridge, Mass.: Harvard University Press, 1960.

24. 参见，林学忠：《从万国公法到公法外交：晚清国际法的传入、诠释与应用》，第 288—389 页。Immanuel C. Y. Hsü, *China's Entrance into the Family of Nations: The Diplomatic Phase, 1858—1880.* 田涛：《国际法输入与晚清中国》，济南：济南出版社 2001 年版。唐启华：《被"废除不平等条约"遮蔽的北洋修约史（1912—1928）》，北京：社会科学文献出版社 2019 年版。

25. Rune Svarverud, *International Law as World Order in Late Imperial China*, Leiden: Brill, 2007, p. 8.

26. 有关国际法翻译的研究见，Lydia H. Liu, *The Clash of Empires: The Invention of China in Modern World Making*, Cambridge Mass.: Harvard University Press, 2004。

27. 林学忠：《从万国公法到公法外交：晚清国际法的传入、诠释与应用》，第 390—393 页。

28. 钱基博：《国民外交常识》，第 71、75—76 页。

29. 陈耀东：《国民外交常识》，第 49—50 页。

30. 钱基博：《国民外交常识》，第 6 页。

31. 陈耀东：《国民外交常识》，第 49—50 页。

32. 同上书，第 1—2 页。

33. 董文：《社会课本》第7册，上海：世界书局1933年版，第14—16页。王剑星：《初小常识教学法》第8册，上海：世界书局1934年版，第234—250页。刘锡蕃：《小朋友升学指导》，上海：大方书局1947年版，《胜利增辑之部》，第4页；《公民自然科学指导》，第11页；《史地科学指导》，第13—14页。张振中等：《课前研究指导案》，北京：北师附小编辑部1926年版，第24、49、57页。

34. 刘锡蕃：《小朋友升学指导》，《公民自然问答》，第11页。

35.《儿童手册》，上海：商务印书馆，出版年不详，第37—60、77—89页。

36. 李西侯：《小学自修升学指南》第2册，上海：南华书局1934年版，《公民》，第7页。

37. 刘锡蕃：《小朋友升学指导》，《胜利增辑之部》，第4页。

38. ［美］王栋：《中国的不平等条约：国耻与民族历史叙述》，第57—68页。有关北洋政府的修约实践，参见唐启华：《被"废除不平等条约"遮蔽的北洋修约史（1912—1928）》。

39. ［美］王栋：《中国的不平等条约：国耻与民族历史叙述》，第72—125页。

40. 前者有代表性的研究，参见，郭卫东：《不平等条约与近代中国》，北京：高等教育出版社1993年版；李育民：《近代中国的条约制度》，长沙：湖南师范大学出版社1995年版；李育民：《中国废约史》，北京：中华书局2005年版；侯中军：《近代中国的不平等条约：关于评判标准的讨论》，上海：上海书店出版社2012年版。后者有代表性的研究，参见，［美］王栋：《中国的不平等条约：国耻与民族历史叙述》；赫佳妮：《外交胜败之争：中国近代"不平等条约"叙事中的〈尼布楚条约〉》，《国际政治研究》2022年第1期，第138—160页。1990年代起，学界掀起了有关"不平等条约"界定标准和数量的讨论，产生了一批研究成果，不一一列举。在民国外交史研究中，学界也明晰了外交官运用国际法规则进行条约改订谈判与高呼废约口号的革命宣传之间的区别。参见，唐启华：《被"废除不平等条约"遮蔽的北洋修约史（1912—1928）》。有关"百年国耻"的研究也由此而来，参见 Wang Zheng, *Never Forget National Humiliation: Historical Memory in Chinese Politics and Foreign Relations*, New York: Columbia University Press, 2012。

41. 陈耀东：《国民外交常识》，第52—53页。

42. 宁协万：《现行国际法》，第300页。

43. 周鲠生：《国际法大纲》，第163页。

44. 同上书，第163—174页。宁协万：《现行国际法》，第300—330页。《现行平时国际法》，北京：北平华北大学讲义1936年版，第279—312页。

45. 陈耀东：《国民外交常识》，第53页。

46. 同上书，第52—62页。

47. 参见，朱采真：《国际法ABC》，第37—42页。《国际条约之成立》，《河北日报》1939年7月11日，第7版。宋子俊：《高小社会科公民编教学法》第4册，上海：世界书局1934年版，第112—113页。国际法知识是法律常识的一个部分，在国内法之后讲授。

48. 陈耀东：《国民外交常识》，第55—56页。

49. 廖德珍：《外交学概论》，第223—239页。

50. 陈耀东：《国民外交常识》，第58页。

51. 尹衍钧：《全面抗战与国民外交》，第5—6页。

52. 陈耀东：《国民外交常识》，第53页。

53. 同上书，第142—143页。

54. 同上书，第160—165页。

55. 详见，唐启华：《被“废除不平等条约”遮蔽的北洋修约史（1912—1928）》。有关北京政府利用“情势变迁”原则的概括，第669页；《中日民四条约》的谈判，第189—213页；北京政府“到期修约”的实践，第421—672页；南京政府与北京政府的比较，第493—501页。

56. 参见，唐启华：《被“废除不平等条约”遮蔽的北洋修约史（1912—1928）》，第498页。

57. 陈耀东：《国民外交常识》，第160—165页。

58. 杨振先：《外交学原理》，第109页。

59. 宁协万：《现行国际法》，第218页。

60. 舒新城：《新中学教科书初级公民课本》第3册，上海：中华书局1929年版，第2页。注：本书引用舒新城该书1924年版和1929年版。为作区分，注释不略写出版信息。

61. 参见，朱采真：《国际法ABC》，第31—33页。陈耀东：《国民外交常识》，第2—3页。

62. 参见，杨振先：《外交学原理》，第109页。宁协万：《现行国际法》，第218页。

63. 陈耀东：《国民外交常识》，第9—10页。

64. 朱采真：《国际法ABC》，第34—36页。另参见，张其昀：《新学制人生地理教科书》（初级中学用）中册，上海：商务印书馆1926年版，第165页。

65. 杨振先：《外交学原理》，第182—183页。

66. 参见，朱采真：《国际法ABC》，第33—34页。陈耀东：《国民外交常识》，第5页。

67. 朱采真：《国际法ABC》，第33页。

68. 陈耀东：《国民外交常识》，第5页。

69.《外交官员乘车待遇》，《南京日报》1935年10月7日，第2版。

70.《侮辱苏俄外交官》，《新民报》（南京）1937年9月22日，第2版。另见，

《日人殴辱俄外交官》，《捷报》（成都）1937年9月22日，第1版。

71. 钱基博：《国民外交常识》，第72—73页。

72. 朱采真：《国际法ABC》，第33—34页。有关治外法权的介绍，另见舒新城：《新中学教科书初级公民课本》第3册，上海：中华书局1929年版，第5页。

73. 朱采真：《国际法ABC》，第36页。

74. 陈耀东：《国民外交常识》，第16页。

75. 朱采真：《国际法ABC》，第36页。值得注意的是，在20世纪上半叶的大众外交知识读物、国际法读物甚至一些专业书籍中，作者将外交官享有的特权称为"治外法权"。陈耀东、朱采真、杨振先都在其著中采用了这样的表达。然而，治外法权，即extraterritoriality，通常与19世纪下半叶以来，西方国家在中国获得的不平等的领事裁判权这一特权相关。1943年，中国同美国和英国分别签订了废除治外法权的"平等新约"，废除的正是包括领事裁判权在内的一系列不平等、不公正的特权，而非外交官和领事官员依据国家公认的国际法原则应享有的合法特权。如接下来的正文所述，大众外交知识读物也提醒民众注意合法的外交特权与不平等的领事裁判权之间的区别。

76. 参见，杨振先：《外交学原理》，第268—269页。

77. 舒新城：《新中学教科书初级公民课本》第3册，上海：中华书局1929年版，第6—7页。

78. 参见，陈耀东：《国民外交常识》，第182—184页。周世勋：《新式国文教科书》，上海：中华书局1920年版，第45页。赵襄等：《新教育教科书国文教案》第6册，上海：中华书局1922年版，第27—28页。

79. 参见，《外部之保护侨民》，《黄报》1921年12月31日，第6版。《政府将公布保护侨民条理，侨胞可回国投资矣》，《东方时报》1925年11月6日，第4版。《内务部开会讨论保护侨民办法》，《庸报》1927年9月19日，第5版。

80. 钱基博：《国民外交常识》，第73页。

81. 同上书，第74—75页。

82. 魏寿镛等：《新法国文教授书》第5册，上海：商务印书馆1922年版，第82—84页。

83. 程其宝：《社会学科之教材与教学法》，上海：商务印书馆1937年版，第107页。

84. 《政府向使团声明不得已用兵并愿负保护侨民全责》，《晨报》（北京）1924年9月21日，第3版。

85. 《保护侨民及邮局之布告》，《大浙江报》1927年1月3日，第4版。《苏州日侨迁回，当局声明保护侨民》，《晨报》（北京）1927年7月3日，第7版。

86. 立法院编译处：《中华民国法规汇编》第5编，上海：中华书局1934年版，第499页。

87. 湖北民政厅：《湖北民政刊要》，武汉：湖北民政厅1932年版，第108页。

88. 《津市杜副市长昨播讲告谕市民恪守法纪保护侨民》，《战干日报》1945年10

月 17 日，第 4 版。

89. 鲍明钤：《在华外侨之地位》，第 1 页。

90. 周鲠生：《国际法大纲》，第 142 页。

91. 参见，薛典曾：《保护侨民论》，上海：商务印书馆 1937 年版。鲍明钤：《在华外侨之地位》，檀香山：中国太平洋国际学会 1932 年版。刁敏谦：《中国国际条约义务论》，上海：商务印书馆 1927 年版。顾维钧：《外人在华之地位》，南京：外交部图书处 1925 年版。

92. 参见，李圣五：《国际间几件保侨名案》，《东方杂志》第 33 卷第 19 号，第 5—15 页。鲍明钤：《在华外侨之地位》。刁敏谦：《中国国际条约义务论》。顾维钧：《外人在华之地位》。

93. 陈耀东：《国民外交常识》，第 25 页。

94. 同上书，第 26—27 页。

95. 同上书，第 28 页。

96. 至 1958 年，《日内瓦领海及毗连区公约》签署。1982 年，《联合国海洋法公约》签约。二者构成了现代国际海洋法框架。《中华人民共和国领海及毗连区法》于 1992 年 2 月 25 日通过，其中第 6 条规定“外国军用船舶进入中华人民共和国领海，须经中华人民共和国政府批准”。

97. 陈耀东：《国民外交常识》，第 29—32 页。

98. 同上书，第 33 页。

99. 同上书，第 1—2 页。

100. 另参见，魏寿镛等：《新法国文教授书》第 5 册，第 83 页。该书也指出，保护外人一方面是基于内外国人平等主义思想，应视外人与国人相同；另一方面，这也是因为外人是宾客，“主人待宾，当分外客气”。

101. 陈耀东：《国民外交常识》，第 35 页。

102. Vi Kyuin Wellington Koo, “The Status of Aliens in China,” PhD Dissertation, Columbia University, 1912, p. 350.

103. 同上书，第 51 页。

104. 同上书，第 29 页。

105. 同上书，第 29—30 页。

106. 同上书，第 34—35 页。

107. 同上书，第 51 页。

108. 同上书，第 30 页。

109. 尹衍钧：《全面抗战与国民外交》，自序。

110. 顾树森、潘文安：《新著公民须知・法制编》，上海：商务印书馆 1923 年版，第 97 页。

# 第四章　内与外：外交知识的对内趋向

自20世纪20年代公民教育兴起，在世界主义、国际主义、国家主义、民族主义、爱国主义、三民主义等诸多“主义”之争中，公民教育以“外交”之名，将个体融入世界，利用外交知识培育公民，改造社会，塑造个体与外部世界的关联。本章探讨公民教材如何利用外交知识的规范化教学塑造学生对于个体、国家、世界之间的关系的理解，并由此定义何谓合格的公民。一方面，这将揭示民国公民教育的国际维度。更重要的是，这将说明“外交”作为一种教育资源和工具的国内政治价值。换言之，公民教材在向民众讲述“外交”的同时，也利用外交知识生产和传播塑造国内社会。从20世纪20年代至40年代，在革命、党化、战争的浪潮中，公民教材通过讲述外交知识逐步强化了国民党三民主义思想在构建个体、国家、世界三者关系时的纽带作用。所谓具备外交知识的“合格公民”，首先应该是能够利用三民主义武装自身、忠于国民党党义精神、服从领导、遵守纪律的集体中的一员。

## 一、进入公民课程：外交知识的对内趋向

在公民教育中讨论外交问题是自然而然的。在晚清民初知识界的争论中，公民的定义及其“合格的”标准几经变革、并无定论，[1]但基本围绕将个体融入更广泛的社会关系展开。在中国日益卷入世界事务的背景

中，有关个体应如何在中外关系以及世界中自处的知识，自然成为公民教育的一部分。在晚清民初的修身课程中，培养学生“爱众亲仁”的情感、“爱同类之知识”[2]、“一身与家族、朋类、国家、世界之关系”[3]、“对社会对国家之责任，以激发进取之志气，养成爱群爱国之精神”[4]是其宗旨。20世纪20年代初，在教育界有关修改学制的讨论中，诸多学者建议取消修身一科，增设公民课程，以利于开展更广泛的社会改良。由此，学校修身教育开始向系统的公民知识教育转型。[5]新学制课程标准起草委员会委员吴研因指出，公民一科“不是代表旧日的‘修身科’”，而是要“使学生明白自己与社会的关系”。[6]程湘帆在《新教育》上发表的《公民教育之宗旨与目标》一文更清楚地阐述了他对公民教育宗旨的理解，即“以‘德谟克拉西’的原则，造就为家庭，为社会，为国家，为世界人类忠勇服务的明达公民”[7]。由此，学校教育中的公民课程意在更广阔的社会关系维度中探讨个体在其中的位置与责任。

1922年，教育部确立“壬戌学制”，并组织编写新的学科纲要。1923年6月，分别由杨贤江、周鲠生等人编写的小学和初中各科目纲要和高中各科目总纲发布。[8]依照小学公民课程纲要，在家庭、本乡、国家的基础上，学生从第四学年开始就需要接触“国际的关系”方面的相关知识。高级小学毕业的最低标准要求学生不仅知晓国家以及公民责任，而且要明白“国际的情势”和公民对于“国际的重要责任”。[9]初级中学要求学生在公民课程中学习的内容包括从家庭至世界六个层面，即家庭及其组织、宪政原则、中华民国的组织、经济问题、社会问题、国际关系。具体而言，“国际关系”部分包含两方面要点。一方面，从中国作为一个独立的主权国家的视角出发，学生须了解中国对外关系的历史与现状、国防、外交机关设置及其职能的知识。另一方面，学生须关注普遍意义上的国际关系准则以及国际现实，诸如国际道义与国际法在国际秩序中的作用、领事裁判权、租借与租界、势力范围及外国驻兵等问题，并了解重要的国际组织及其职能，如海牙仲裁法庭、万国联盟、常设国际法院等。[10]

换言之，公民教育不再囿于个体修养和忠于君上的思想桎梏中阐述其对文明礼貌、修行卫生、处事规范等方面的要求，而是将其同更广泛的社会背景联系起来，乃至于同整个人类的命运息息相关。如周之淦、杨中明、卢殿仪在其仿照美国的《公民学课程大纲》编制的课纲中所述，要培养“有求知社会现象、群众关系及世界国家疑难问题之习惯”的公民，“如外交问题、统一问题、社会问题等皆为处此社会、处此国家之公民不可不了解者”。[11] 如何在层层递进延伸的社会关系中定位个体，找寻个体相互关联建立起来的网络边界，并处理不同层级网络之间的关系，成为公民教育的主要议题。学习个体之“外”的知识成为必须，与外交相关的知识也自然而然成为公民课程的必修内容。1923年，中华教育改进社第二次会议提出了新学制课程标准，在小学和初中课程中，公民课程已经取代修身课程，同卫生、历史、地理同属社会科。[12] 由此，教育界掀起了第一波公民课程教材编写和出版的高潮，讲授新的公民理念。

相比于一般的大众读物，公民教材作为叙述和传播外交知识的载体有其独特性。[13] 首先，学校教材的编纂须与官方话语保持一致，其发行须经教育部审定，通常配有详尽的讲授书。一方面，这意味着教材展现了各政权不同时期的政治主张、教育重点及其变化。另一方面，即便在思想和社会现实激烈变革的时代，教材作为在学校普遍应用的教学载体，往往排除了过于激进或过于保守的观点，秉持了更加持中、温和的叙事态度。[14]

作者本人的立场和观点也影响了教材的叙事。民国时期，编写公民教材的作者群体是多样的，但概括而言，专业性和政治性是他们共同的特征。一方面，法学、政治学、教育学等领域有建树的学者为早期公民教材的编纂提供了严谨专业的知识背景。例如，周鲠生一直从事国际法学和政治学的教学科研；舒新城致力于教育学研究、教育改革和图书出版事业；[15] 顾树森曾任《中华教育界》的编辑主任并于欧洲考察职业教育；[16] 潘文安则在全国性的教育联合会以及各地主办的教育界刊物上频频发声。[17] 他们的作品奠定了早期公民教材百花齐放的基础，也为此后的教材改订、再版提供了蓝本。另一方面，诸多教材编写者也同国民政府、国民党有千丝万缕的关联。例如，周鲠生早年加入同盟会，抗战后也为国民政府处理外交事务担任顾问。[18] 在 30 年代后，这成为更普遍的现象。30 年代影响最为广泛的公民教材之一《初中公民》由曾任国民党中央宣传部长的叶楚伧和组织部长的陈立夫组织编写。商务印书馆出版复兴系列教科书的宗旨呼应了彼时国民政府抗战救国的政策。这些教材内容自然反映了国民政府政策的指导以及国民党党义精神的渗透。

同样值得注意的是，教材的读者群是各年龄段的普通学生。他们既不是学有所成的专业人士，也不是政府公务人员。所以，相较于学术专著，学校教材中的“专业”知识往往更加浅显平实；相较于政府文件或党务报告，教材中的思想宣教也与课业知识相伴进行、也须适应不同年级学生的阅读能力。简言之，公民教材介绍外交知识构成了一种在激进与守旧之间寻求平衡、兼顾知识性与政治性、适应普通学生的叙事。

有关民国公民教育的研究认为，公民教育自 20 世纪 20 年代初期蓬勃兴起，至 20 年代末国民党推广党义教育（或称“三民主义”教育）时衰落。即便 1932 年公民课程再次回归学校，也已名存实亡、风光不再。[19] 这条线索大致勾勒出了民国学校公民教育的起落兴衰。将国民党党义教育的侵入视为割裂学校公民教育之举，固然从形式上反映了公民课程的走向。但是，就公民教育的实质而言，党义精神指挥下的公民教育“衰落”并不意味着其停止塑造个体、国家、世界的关联。事实上，革命政党的思想和实践持续影响着民国塑造的公民内涵及其认识世界的思维方式。[20] 特别是在 20 世纪上半叶，在中国内外动荡的环境中，战争与革命中的革命政党也参与建构了扎根于中国本土的现代外交概念。[21] 讲述外交知识正是它重塑个体、国家、世界关系的载体和工具。外交对国内政治的塑造，不仅是唤起民众对国际事务与国家前途的关注，进而改变公民监督或参与政府外交的方式。[22] 外交知识也可以成为一种思想武器，直接参与塑造公民的认知。[23]

具体而言，从公民课程进入学校教育至二战结束，公民教材讲授外交知识的叙事逻辑及其构建的个体、国家、世界的关系大体经历了下述演变。20世纪20年代初，在一战后理想主义情绪高涨与民族主义日渐炽热的背景中，公民教育进入学校课堂。公民教材将个体视为“人类一分子”，在“国家公民”的基础上，力图培育服务于人类共同福祉的“世界公民”。

20年代中后期，随着国共联合北伐，国民革命浪潮席卷全国，革命的精神力量和组织要求也逐渐渗入公民教材。以革命的视野看待世界政治中的“不平等”现象成为公民教材中外交知识的主题；“外交战场”上的公民首先应该是听从指挥、服从命令、整齐划一的革命组织中的一员，在统一的领导下反抗帝国主义压迫、改变国家命运。

20年代末30年代初，国民党大力推行的“党化教育”加深了公民教材的“革命化”印记。在国民党党义强行灌输之下的公民教材事实上沦为国民党一党操控的工具，以学习国际常识之名，行培植国民党一党拥趸之实。

自九·一八事变至二战全面爆发，挽救民族危亡乃至世界大战的战争洪流再次改写了学校公民教育的外交主旨。一方面，日本加紧侵华的危急形势加剧了公民外交知识的“军事化”趋势以及对和平谈判、国际协调等外交手段的失望；另一方面，二战的进程推动“世界大同”“人类正义”的语词再度回归公民教材，在“三民主义革命精神”的指导下同其他反法西斯国家与反殖民国家的联合是公民外交知识的重要内容。公民个体既身为世界上受压迫的弱小国家的一员，也是世界反法西斯大国力量中的一分子，应积极投身“三民主义拯救世界”的事业之中。

思想与观念的演变是缓进的。受官方话语指导与社会思潮影响的教材编写也在一定程度上是滞后的。尽管一个特定时期的教材叙事呈现了某种特征，但是不同阶段的分野并不是非黑即白般鲜明。在公民教材建构的个体、国家、世界的关系中，追求大同、放眼人类的世界主义与立足本土、关注国家命运的国家主义始终是相互交织并行的主题。但是，从20世纪20年代至40年代，世界主义与国家主义之间的思想角力并非此消彼长的二元对立关系，不同年代教材的编写也不是对旧教材的彻底抛弃和全新再造。虽然知识界、政府官员、革命政党等不同群体不断向其中增添新的主张和解读，但在改写中也包含继承和延续。可以说，虽然这一时期的国际格局与国内政治环境风云变幻，但是公民教材的外交知识对于个体、国家、世界关系的建构却是在叙事渐进微妙的变化中发生的。这也意味着它可以产生同样相对持久的历史遗产。

## 二、作为“人类一分子”的“国家公民”和“世界公民”

在诸多新出版的公民教材中，1923年由舒新城主编的《新中学教科书初级公民课本》是其中颇有代表性的一部。该书虚构了一个普通初中公民课堂，描述了张维城、胡玉、俞梅生、杨明善等学生对社会生活的观察、阅读体会及其同教员王先生的问答交流，以第一人称的口吻描述了教员讲授、师生讨论的课堂场景，由此将公民知识要点娓娓道来。该书第五编为“国际关系”，在第十九章“国际关系之维持”的开篇，课文写道：

> 王先生说：“外交是国与国的交涉，我们已经说过，我国外交失败的情形，及挽救的方法，我们也大概知道：现在再研究国际的关系是怎样维持的。”维城说：“我以为人和人相交有相当的礼节，彼此对于人格互相了解，就可以成为至友。国家和国家的交际，论理也可以这样办。我国外交失败，就是由于国家和国家之间没有深切的了解，所以有受人欺侮的种种现象。倘若国和国的交际，也像个人和个人交际的凭道义，也可以维持其相互的关系。”王先王【生】说：“维城这种理想很不错，我们可以称你作世界大同的信仰者。现在虽然还没有达到这种境界，将来或者有这一天，我希望你努力

向这方面走。”……[24]

舒新城通过学生维城的发言展现了第一次世界大战后知识界关于公民教育的一种流行观点。在维城的表述中，他以人与人之间的关系比拟国家之间的关系，将人与人之间的个体情感迁移至国家间的道德层面，认为国家间关系的维持应与个人交往相同，须以道义为凭、增进相互理解，从而消弭战争与欺压。舒新城借教员王先生之口称维城的发言为“世界大同”的理想境界。

一战之后，中国作为战胜国一方，一时间民心士气高昂。国人对世界事务的热情以及改善中国地位的期待空前高涨。中国受邀参加巴黎和会则更助长了知识界和公众对世界和平与国际协调的信心。美国总统威尔逊提出的“十四点原则”受到热情追捧，各界纷纷表达对“世界大同”理想的追求以及对建立国联的期待。梁启超、李大钊等人都曾从各自的视角出发对此寄予厚望。梁启超认为，中国几乎“举国一致”地“热望此同盟之成立”。在他看来，即便欧洲人更专注于其国家利益、认为国际同盟的设想过于高远，但中国自古所强调的“治国平天下”的理念使其向来追求超越国家层次之上的目标，也即天下大同的目标。如其所言：“我中国人之思想谓政治之为物，非以一国之安宁幸福为究竟目的。此种广博的世界主义是我数千年来政治论之中坚也。”他援引中国春秋时代的历史说明，把国内的“民约的精神扩而大之”至国家之间，使各国在保持其国家现状基础上，“相互间发生种种共同利害，其关系愈密接，则其必须共守之规律亦日增”，久而久之，国家之间的“畛域之见渐泯，驯至成为一体”。在梁启超看来，要实现这种理想的“人类全体大结合共同活动”的“大同主义”，战后建立国际同盟是“最良之手段”。[25]三个月后，李大钊在《新潮》上发表《联治主义与世界组织》一文，认为在“解放的时代”，人类进化都是朝着“世界大同”的方向前进，这也是“人类共同精神联贯的脉络”。李大钊的设想是一个“把种界国界完全打破”的“世界大同”，对可能由和平会议演变而来的

“世界议会”、由“仲裁裁判”演变而成的“世界的法庭”、“国际警察”以及“世界行政机关”构成的“世界联合政府”充满期待。[26]梁启超、李大钊的观点是这一时期中国知识界对于世界主义认识的缩影。他们的表达既彰显了各自相异的知识脉络和政治主张，也反映了对于世界大同理想的普遍热情。舒新城笔下的张维城追求国家之间和谐大同的境界，正是这一思潮影响的具体写照。

在舒新城所编公民教材中，尽管其通过学生张维城之口表达了“世界大同”的理想主义境界，但是并不否认国家间存在冲突和战争的现实，而是强调如何平衡二者的关系。在讲述公民的“国际道德”时，书中写道：“至于国际的关系，本以维持和平为要，但在现在国家主义还未消灭的时候，国家和国家常因利害冲突而有战争的事实。果使国与国之间有战争，我们应当认定战争是国家和国家的冲突，不是个人和个人的冲突；不可以全体的胜败而混及人民的私权，所以战时不可戕害非任战事的人民，不可损及私人财产。”[27]

这里提到的不能将国家胜败与人民私权混为一谈以及禁止攻击非战斗人员及其财产涉及的是1907年第二次海牙“万国保和会”通过的《海牙公约》中《关于陆地战争法律及惯例之盟约》的相关条款。该约第22条规定：“交战团筹设伤害敌人方法之权并非无限。”第23条详细列举了若干禁止使用的手段，例如“使用毒药或带毒军械”、杀伤已经无法自卫或者投降之敌人、“声明绝不宽赦”等。第25条和第27条禁止交战国攻击平民和民用设施，并要求其尽力保护专办宗教、美术、科学及慈善事业建筑以及医院与患病负伤人员聚集地。[28]晚清政府是《海牙公约》的缔约国，外务部等机构和官员也在签约后展开对和约的推广和研究。[29]1921年，为了充实国民“外交的知识”，商务印书馆出版了两次海牙国际和平会签订各约中文版。[30]由此可以推断，该约精神以及中国立场当为关注国际问题的各方人士熟稔。

然而，舒新城并未在其书中直接援引上述《海牙公约》中的具体内容，或从国家应信守条约的角度解释国家战时行为规范，而是从个体作为人类一员的角度阐述公民应如何规范其在对外交往中的作为。如其在书中强调，学生应抛弃“狭义的爱国主义”，不论对方来自哪个国家，也不论他国与中国是否有过往仇怨，“凡我对于人类应有的道德，决不因其系某国国民而有所变异”。[31] 换言之，个体的国际道德应该建立在对人类的共同认同的基础之上，并引导学生由此出发思考个体在国家间发生冲突时应如何自处。

以人类个体之间的情感关联为基础阐述世界和平的根基也成为这一时期诸多公民教材的思路。周之淦等人在《公民学课程大纲》中由此讲述个人为推动“国际协作”应负有的责任。其一，个人应该透彻明了战争与和平的意义，要以消灭战争、推进和平为己任；其二，因为文明的进步，人类互相依赖的增强，人类合作的必要性也愈来愈突出；其三，交通的发达以及人类交际的频繁，使和平变得更加必要。具体而言，学生可以多参与各领域有关世界事务的讨论，例如探讨“宗教及劳工运动与国际协作之关系”“‘世界语’之价值”“将来国际真正协作时是否应有同一的语言”等问题。学生也应该多参与非政府间协会，从而增进民众间了解，例如万国妇女参政同盟会、议员协会、报业协会以及各种学术研究会等。[32] 在 1926 年出版的《公民纲要》中，孙祖基借用了中国传统的“修身”“齐家”“治国”“平天下”的理念定义“模范公民”的责任。他同时重新解释了“平天下”的含义，即“培养国际同情”。[33]

据此，公民教材也重新定义了“礼貌”对待外国人的意义。礼貌不仅是个人品德修养问题，而且成为联结人类社会、促进合作、避免冲突的纽带。诸多教材强调，需要国民注意“国际道德规范”、了解“外国人于居留国有国际法上相当的地位”，避免“缺乏外交常识”的行为，免受“文明各国所轻贱”。[34] 这是因为公民培育的目标在于“要替世界造成适当的人物”，造就“国际间的国民”，而非“本国的一个国民”。[35]

值得注意的是，尽管这一时期的公民学教材展现了对世界主义议题的巨大热情，但是这并未驱使它们否认国家的存在。20 世纪 20 年代初，孙中山多次在宣讲三民主义思想时批评世界主义思想，认为中国不宜提倡。[36]在公民学科教育知识体系的早期建构中，国家仍然是构成世界的基础单元。国家间冲突与合作、签订条约的历史与现状、政府制定外交政策的原则和程序等都是公民课程中的重点内容。

一战后，政府外交应该受到公民监督，外交政策须得向国民宣示，由此避免秘密外交所引发的战争危险逐渐成为欧洲乃至国际社会的共识。在国家主义和世界主义相结合的维度下，公民课本从双重视角解释其缘由。一方面，这是民国政体和法制使然。在讲述外交知识时，公民教科书多指出由公民参与的外交是“最适合于民主政治之精神的外交”[37]。例如，高阳和陶汇曾援引《中华民国约法》条款解释“国民承认”的重要性，“我《约法》规定中华民国大总统缔结条约应得国会之同意，否则无效，盖国会为代表国民之机关，故以其同意所缔结之条约，国民应承认其有效；反是，则不能拘束国民；理所当然者也”[38]。另一方面，身为“国际公民”和“人类一分子”的个体可以促成跨越国界的友好亲厚情感和氛围，这有助于维护和平。如顾树森、潘文安所言，各国民众可以“互通声气、互相联络，开诚心，布公道，打破秘密，排除阴谋”[39]。

公民教材的编著者也更强调国家的发展对于世界和平和人类命运的意义。高阳、陶汇曾甚至在其公民课本中放弃使用“世界主义”，而是追求“以国家之巩固为前提，以国与国之间共存共荣为目的”的“国际主义”的理想状态。[40]舒新城也谈及中国如何在国际会议上争取国家利益，但其叙述的重点在于此举的国际意义。例如，在介绍中国代表团在华盛顿会议上要求废止租借地的立场时，他着重说明其原因是租借地的存在易引发国家间战争，所以“中国代表团非特为中国利益计，且为各国利益计，为远东和平计”[41]。1923年中华书局出版的《新小学教科书公民课本》则提出了一个更完整的表达，倡导在世界与人类的发展全局之中审视国家兴盛的意义，即国家不仅要寻求政治和经济的独立以“增进自己的幸福”，而且“该协助友邦，以维持全世界的和平，增进全人类的幸福”。[42]

因此，与其以抛弃国家为代价追求世界大同，公民教材更强调同时作为国家与人类一分子的个人既应维护国家，也应以实现世界和平为最终目标。如顾树森和潘文安在《新著公民须知（道德编）》中所言："我们的爱国，一面不能知有国家不知有个人，一面不能知有国家不知有世界，我们是要托庇在这国家底下，将国内各个人的天赋能力，尽量发挥，向世界人类全体文明大大的有所贡献，将来各国的趋势，都是如此，我们提倡主义的作用，也是为此。"[43]

概言之，20世纪20年代初，公民教材的第一波出版浪潮修正了晚清民初修身课程只关注臣民或公民自身素质的视角，强调个体不仅从属于国家，更是世界和人类中的一员，服务于世界和人类的福祉。如王仲和、金崇如、冯顺伯所著《初中公民学教本》所言，"现代的公民教育已由国家的进为国际的"[44]。然而，在这个从个体延伸至全人类的理想图景中，国家并未完全隐身。如徐国琦所说，在1895—1914年间，中国参与世界事务的新方式是世界主义，但是国家主义是它的基石和底色。[45]世界主义与国家主义的共存与竞争延续到了一战之后。二者"在规则维度的共时并存"成为中国各界知识精英探讨国家与世界关系的背景。[46]在早期公民课本中，国家主义的现实与世界主义的追求同行，国家既是叙事的基本单元线索，也呼应世界主义的精神号召。

## 三、以"国民革命"之名重塑个体的公民责任

1926年，国共合作举起"打倒军阀"的旗帜联合北伐，一路高歌猛进，宣传革命纲领。国民党发布的《国民革命军北伐宣言》否定了在帝国主义剥削、国内军阀压迫的环境中通过构建个体、国家、世界之间和谐一致的积极关系实现世界大同理想的可能。如《宣言》中所提出的，

帝国主义经济上之侵略，其剥削之巨，岁辄万万，数十年来未

> 尝或息也。迄中国之人民膏血已尽，仅存皮骨，彼为债主，我为债户；彼不劳而坐获，我终日充牛马；彼为经济的主人，而操命令指挥之全权；我为经济的奴隶，而居被驱使之地位。帝国主义在经济上剥削中国之不足，更在政治上利用万恶之卖国军阀，造成笔难尽述之罪恶。帝国主义者既使军阀窃取政权，又使军阀盗卖国家；既使军阀永演阋墙之争，令吾民受尽兵刀之苦，更嗾使军阀压迫革命运动，欲吾民永无自决之日；既使军阀式的政治发生土匪，更使土匪变成军阀，军阀生生不已，人民困苦无穷。[47]

国民革命的激烈控诉迅速打破了早期公民课本建构起的世界主义与国家主义之间的脆弱平衡。事实上，无论是研究公民问题的学者和公民课程教员，还是学生和普通民众，早期公民教材中所宣扬的世界大同境界、借鉴个人道义准则处理国家间关系、基于人与人彼此互通的情感关联维护世界和平和全人类福祉等内容，都是他们未曾亲身见证的理想境界。沈艾娣（Henrietta Harrison）在探讨中华民国初期的公民培育时提出，北京政府在国内社会中创造了一系列象征自由、民主、平等的政治符号，这为民众构建了一个他们从未经历过、也并不存在的虚拟世界。[48] 对于20世纪20年代之初兴起的公民教育所建构的个体、国家、世界之间的关系而言，同样如此。随着北伐革命军建立国民政府，疾风骤雨式的暴力运动、高度集中且等级森严的军事组织、追求完胜的目标迅速占领了公民教育的宣传阵地，各类公民教材成为国民党宣传其纲领的话语表达平台。

20世纪20年代中后期出版的公民教材描绘世界现实时，着意凸显大国与弱小国家在不平等的世界体系中的不同地位，由此引导学生认识各国在政治、经济、军事等方面的实力差距及其影响。以前文所述的王仲和、金崇如、冯顺伯所著的《初中公民学教本》为例，该书第三版于1926年出版。相比于1924年的初版，第三版在介绍国民外交常识时强调各国实力对比及其在不均衡的世界体系中的不同境遇。具体而言，初版介绍国民参与外交需具备的“最低限度”的知识时仅提及三项内容，即“世界外交的趋势”“中国外交的现状”“外国于居留国有国际法的相当地位”，并将世界大势与国际法规范置于首要位置。在总结上述内容时，该书谈到：“明此三项的常识，按诸公例，运以策略，以恳挚真诚为交际，以光明坦白待友邦，以公理正义为凭依，以不屈不挠的精神为国家尽力。如此方可生国民外交的效力。”[49] 与之相对，第三版在介绍国民应具备的“最低限度”的国际知识时，提及五项内容，包括“世界各大国地理的位置及政治经济等状况”“世界弱小民族反抗运动的状况”“各国军备及政党的状况”“各项国际组织的状况及本国的地位”“各种新政策新主义的内容及活动的状况”。在此基础上，该书删除了初版小结中所谈到的真诚交往、坦荡相待、公理正义等内容，而是紧随其后附上“不平等条约简表”，说明中国在领土、赔款、路权、领事裁判权等方面的“损失”，并总结道：“我们民族要生存在世界各民族中间，这几项的知识是不可不具备的，多方考查、详密研究，把这种知识普及与民众，是知识阶级重要的责任、公民亟切的工作。”[50] 简而言之，“世界大同”的和平理想在公民教材中逐渐隐退。取而代之的，是对列强纷争和世界不平等现状的关注。所谓“世界”，不再是每一个体应为之和平而努力的理想憧憬，转而成为各国相互竞争较量、压迫与抗争、侵略与反侵略的角力场。

在涉及不平等条约的议题上，这种对比则更加强烈。早期的公民课本虽也谈及不平等条约，但对应该如何处理普遍持较为开放的态度。在1925年出版的由基督教青年会主编的“公民教育丛刊”之中有《不平等条约讨论大纲》。该书开宗明义指出，国人对待不平等条约有“修约”和“废约”两种态度。修约派认为，废约的时机未到，应审时度势争取国际同情。废约派则将中国丧权失地归因于不平等条约的束缚，认为条约一日不废，则国将不国。该书认为“此两派主张各有是非，请留待诸君讨论”[51]。为了帮助学生辨析两种观点，该书分别提供了有关修约和废约的资料。其中既有从国际法角度分析条约概念和义务的材料，如周鲠生的《国际条约成立之条件》、刁敏谦的《中国国际条约义务论》节选，也有宣扬废约的言论，如国民党于1925年6月发表的关于废除不平等条约的宣言。[52]根据这些材料，该书将这两种观点置于对等的位置上供学生开放讨论，而未表明自身倾向。

但是，20世纪20年代下半叶出版的公民课本对待不平等条约的态度逐渐清晰，在控诉帝国主义侵略的同时，鲜明地主张"废约"。如前文所述的1926年出版的《初中公民学教本》在讲述"世界战争与中国"时，更详细地描述了日本、英国、美国、俄国等帝国主义国家对中国的侵略政策和扩张路线。如日本经由南满铁路向朝鲜和中国的山东、台湾地区扩张。英国则有"3C政策"和"3S政策"，即由好望角（Cape of Good Hope）、开罗（Cairo）、加尔各答（Calcutta）向西藏扩张，由苏伊士（Suez）、新加坡（Singapore）向上海（Shanghai）及长江沿岸扩张。[53]并且，该书详细列出了《南京条约》《天津条约》等不平等条约的签订时间、中国损失的权利种类以及具体损失情况概要[54]，以此启发学生在纷争的国际局势中维护国家利益，知耻而后勇，在列强环伺的压迫中努力抗争。

此后，在公民教材讲授"不平等条约"时，也多不再解释其法理基础、辨析修订和废除的区别与利弊，而是强调应"特别说明不平等条约的弊害"[55]。舒新城的公民课本在1929年改版，第十八章标题由原先的"国际不平等的关系"修为"废除不平等条约"，指出"废约"不仅是合理的，而且是可能的。[56]蒋建白在《复兴初级中学教科书公民教员准备书》中直接指出，对于"不平等条约"，"国民无履行之必要，我们应该请求政府转向原订约国要求废除"[57]。1935年《徐氏初中公民》也言明，对于"只有义务而无对等权利的'卖身契'"[58]，无论"急进"还是"缓进"，最终都只有"废除"这一条道路。[59]

随着国民革命军北上，军队广泛散发提前印制的宣传单、口号标语、小册子、旗帜、孙中山画像和遗嘱等，希望以此激励民众、传递革命信念，扩大国民革命的社会影响。[60]公民教材也不断以北伐军的行军胜利事迹取代原本与世界大同理想、人类共同命运相关的内容。诸如“从军救国”“行军有纪律”“爱国男儿”“坚忍”等主题成为公民教科书中常见的内容，并教导学生只有如北伐军一般严格遵守纪律、坚定地服从统一领导才能取得成功。在“国有外患”时，这是百姓的责任。[61]王仲和等在新版教材中也强调，确定的对外目标和一致的外交意识可以帮助国民外交实现“枪法不乱，步调整齐，才可应付”[62]。随着“枪法”“步调”“应阵”等描述军队作战的词汇被移植到有关外交知识的讲述中，公民教材不再沉浸于讲述仰赖个体间的共同道义和情感追求人类福祉，而是塑造了一个同军事战场一样的“外交战场”。每一个参与国民外交的公民不再是以“人类一分子”的个体身份追求世界和平，而首先是外交战场上严格听指挥、服从命令、有明确且彻底的抗争精神的、整齐划一的革命组织中的一员，在统一的领导下集体反抗帝国主义压迫、改变国家命运。

## 四、国民党党义教育的指挥棒与公民教育的离场

国民党在1928—1931年间大力推行的“党化教育”则将国民党党义凌驾于公民教育之上。三民主义、国民党建国方略、建国大纲迅速在各科目中渗透。[63]同时，中央民众训练部也将这些内容定为党义教师资格审查的考试内容。[64]1928年，国民政府将党化教育命名为“三民主义”教育。[65]7月，国民政府颁布条例要求各级学校除了要在各科教学时融入党义精神外，须增加专门的党义课程。[66]8月，教育部将“三民主义”一科改为“党义教育”，并取消了公民学科，公民知识的教学完全由党义科目取代。[67]此外，中央训练部通知上海以及南京各书局将出版的党义相关书籍呈送审查。[68]通过这一系列政策，国民党实现了对学校课程体系和行政的全面控制，并将党义灌输其中。[69]

在党义教育的指挥棒下，“国际常识”仍是初高中课程的教学内

容。[70] 但是，如初、高中《学程纲要》所示，其最终目标并不是带领学生客观地认识世界现实，而是假借学习“国际常识”之名，为国民党一党培植拥趸。[71] 以前文多次提及的舒新城所著公民课本为例，该书 1929 年再次改版，在原书多处增加了直接宣扬国民党党义的内容。例如，初版教材在谈及“外交失败”后，鼓励公民增进对世界事务的了解，也希望约束民众行为、劝告其不要轻举妄动。[72]1929 年版教材则直接落脚在贯彻国民党政策、研习孙中山的“总理遗嘱”之上。[73]

概言之，在形式上，党义精神对公民教育的全面覆盖并未抹去个体与世界的关联，“组建三民主义的国际”“公民与国际”等内容仍是公民学课程的重点内容。[74] 但实质上，所谓公民教育中的“国际常识”已沦为国民党一党操控的工具。这也决定了国民政府一厢情愿设置的党义课程必不长久。师生对此怨声载道、敷衍了事。虽然国民政府力图赋予党义课程极关键的政治地位，但是其在教育系统中存续的时间并不长久。1932 年，教育部颁布《小学课程标准》，将其中的“党义”一科改为“公民训练”。[75] 在 1932—1934 年之间，在教育部的指令下，在中小学教学体系中几近消失的公民课程再次回归。[76] 但是，从教育部颁布的《小学公民训练标准》和《中学公民课程标准》来看，国民党党义的精神仍然在事实上主宰着公民课程的内容设计。[77] 曾任国民党中央宣传部长的叶楚伧和组织部长的陈立夫编写的《初中公民》，成为彼时社会影响最广的公民教科书之一。[78]

## 五、战时忧虑与“外交”的失语

九·一八事变后，日本加紧侵华使国民政府面临的局势更加危急。1932 年一·二八事变后，上海商务印书馆遭到轰炸焚烧。重建后，商务印书馆推出了复兴系列教科书，旨在通过为教科书冠以“复兴”标题，呼应商务印书馆“为国难而牺牲，为文化而奋斗”的复业标语。[79] 在日本加紧侵华的背景中，复兴教科书的出版发行量日益增加、影响力迅速扩大，标题中的“复兴”也象征了中华民族努力抗争、救亡图存的共同目标。在这样的环境中，国民政府公民外交知识培育的首要目的是引导民众在日本侵华的现实中认识中国民族危亡的形势，并以此激发民众在国民党领导下团结一致、对外抗争的集体情绪。

复兴教科书也以此为指导，讲述国民党领导之下的公民与国家以及外部世界的关系。孙中山提出的“次殖民地”概念及其对于中国世界地位的描述为该系列教科书设定了统一的背景环境。如适用于高等小学的第二册教材第三课“中国民族的国际地位”中所言，

> 现在中国民族，在世界上所处的地位，简直是次殖民地。次殖民地就是比殖民地的地位还要低的意思。因为殖民地只是做一国的奴隶，比如印度，是英国人的殖民地，印度人不过做英国人的奴隶罢了；我们中国却无异做了十几国的殖民地，无异做了十几国的奴隶，所以说是次殖民地。……我们中国在世界上人数最多，民族最大，文明教化有四千多年之久，现在反不能自由独立，却成为次殖民地，真是奇耻大辱！[80]

在指导教师如何授课的教学法中专门对该课内容提示，所谓“半殖民地”的定位，只不过是“自己安慰自己”，并且进一步将“奴隶”和“沦”作为本课需要着重学习的文字解释其含义——“奴隶”，即“永久为奴，其身体属于主人的人”；“沦”，即“陷没或堕落”。因此，中国遭受帝国主义侵略、被殖民、相比于殖民地国家仍低人一等的境遇构成了学生认识中国与世界关系的总体框架。与此同时，这些现实烘托了强烈的耻辱情感和失败氛围。在课后练习题目中，专门有题目讨论“我国沦为次殖民地觉得怎样”，其参考答案的要点为“奇耻大辱”。[81]

在战争的背景中，公民教材对于依靠国际合作改变中国命运的态度渐趋失望。在论及国际合作时，国联仍是该时期公民教材探讨的一个重

要例子。1931 年九·一八事变发生后，国联就日本侵略中国东北展开讨论和调查。虽然当时国民政府对国联寄予希望，但是支持国联调停的“英美派”官员的观点也不尽一致，他们并不完全相信能够仰赖国联以外交手段维护中国在东北的主权。[82]1932 年，国联发布了《调查报告书》，在谴责日本侵略的同时，提议在东北实行“国际共管”。[83]随着国联投票通过《调查报告书》，日本侵入热河，国民政府也放弃了通过国联解决东北问题的外交努力。在这样的背景中，公民教材对国联的态度愈发消极，普遍认为“国际联盟的威信和《九国公约》、《非战公约》同受莫大的损失”[84]。国联“为少数国家所利用”“组织脆弱不具实力”[85]，“无力惩治侵略国”“非可依赖”。[86]

尽管如此，这些教材也强调退出国联等国际组织并非明智之选。如《初中公民》所说，退出国联属于“感情用事”。这是因为如果中国留在国联之内，尚可以获得“道德的援助”；退出国联，反而不利于中国争取自身利益。[87]这种“有限度”的认可更能代表此时公民教材对于国际组织的态度。一方面，这些国际组织已经丧失早期公民教材所渲染的它们是为世界和平计、以实现人类共同利益为目标的理想形象。在面向大众的外交知识教育中，国联等国际组织因其无法为中国主持正义的“虚伪作为”而受到激烈批判。另一方面，考虑到中国加入其中，仍然可以借助国联提出的追求普遍和平与安全的宗旨为本国利益发声，争取道义支持，发挥“国际”平台的价值，公民教材并未号召公众与之决裂。就这个意义上而言，国民政府更希望公民在中国民族危亡与世界局势的关联中寻找中国的出路，而不是与外部世界割裂。

在日军全面侵华的危险中，公民教科书对国际组织以及培育世界公民的失望态度更演化为对运用外交手段改变中国命运的普遍怀疑。1937年，商务印书馆出版的复兴系列教科书再版。同初版相类似，再版教科书强调国防力量的虚弱导致中国屡受外国欺压、门户洞开。但是，不同的是，在日军全面侵华的背景下，再版教科书对“外交”的态度更加消极，直言“要是不用兵力，而用外交，我国还要亡得更快，只要各国外交官坐在一处，各人签了字就完了”[88]。在其语境之中，外交的价值不仅远不及军事，而且被视为一种可被随意操弄的伎俩。更甚者，再版系列教科书已经不再提及中国应如何从世界主义的角度改变国家境遇。初版中本已减少篇幅的有关“和平”“世界”“我们是世界的公民”“拥护公理”等内容都在第二版中完全不见了踪迹。取而代之的是，如何在国民政府的领导下依靠国家、民族、民众集体力量恢复民族地位，如“明了民族地位的危险”、“具备明确的民族意识”、“树立坚强的民族自信力”、恢复“民族固有的道德和知能”、“迎头赶上外国的科学”。[89]早期公民外交知识教本中关于国与国和平交往的内容已完全为战时国家间的竞争和争夺所取代。

战争的背景与特征也迁移至对外交的定义之中。例如，《初中公民》采用类比的方式界定外交，认为它是“政治的国防的武器”[90]，也是“军事国防先锋”[91]。进一步而言，该书以敌我分野的修辞描述外交的意义——如果能灵活运用外交，便可以获得更多国家的支持，与其互相协助；但同时也应“认清我们的敌国”，对于要侵略我们的国家，“我们便当认清目标、集中目标，把全力来应付”。[92]党义教育中的纪律性由此转化为公民外交知识中反复强调的军事服从、强化武装动员能力、全力抗敌、获得全胜。如徐逸樵在《徐氏初中公民》中所言：“一国外交的胜利有待于军事的实力和全国民众一致的外交作后盾。”[93]因为各国“无不以本国或本国民族的利益为中心，作政治上经济上的争斗”，因此欲在国际竞争中获胜，“则全国所有的公民，应该个个有健全的知识和能力，于全体总动员之下，作艰难困苦的奋斗”。[94]在教学上，公民教育中有关外交知识内容的讲授也同其他科目联系起来。例如，有关动员民众参与外交的内容可以同国语课的书法部分“写个纪念日的标语”和音乐科的“唱《打倒列强》歌”联系起来同时教学。其目的是使学生“知道近年来我国民众的奋斗情形”[95]。

在战时国家前途的整体忧虑之中，公民教材逐渐明晰了公民与世界的关系，即在中国沦为“次殖民地”的“奇耻大辱”中，每一个公民应该作为国民政府党义指导之下的一分子融入集体抗争，形成一股坚定团结的力量，维护国家利益和地位，改变中国在世界舞台上受欺侮压迫的现状。复兴系列公民教本将这种个体、国家、世界的关系描述得更为具体——中国人须“成一个很坚固的团体，使四万万人之有一条心，合力去争民族的自由，打倒帝国主义，废除不平等条约，使中国成为一个真正的独立国家”，只有这样，“个人的自由才能保得住”。[96]孙中山有关民族主义和世界主义的讨论仍是这一时期公民教科书常引用的材料。中国作为“受屈民族”应以世界主义为“最高理想”“最后目标”，但仍要先实现“复兴民族”。[97]尽管世界主义并没有完全从公民教育中退场，但是它已经让位于挽救中华民族命运的首要任务。在复兴系列教科书中，有关“世界公民”的介绍也在逐渐淡化。它仍然关注世界上不同国家的联系，提及“我们不但是一个国家的公民，而且是全世界的公民了”。[98]但是，具体而言，有关如何做一个“世界的公民”，书中则没有进一步的详细说明了。

## 六、“大国公民”身份再造

尽管“外交”的意义在公民教育中渐趋模糊，但是国民政府并没有将中国的抗战构建成为世界舞台上的一座孤岛。随着抗战深入，国民政府争取苏联和美国等大国的军事援助，提升国际社会对中国抗日的关注与同情。1938年国民政府教育部播音教育委员会发行的《战时公民常识》专门用一章分析通过“抗战外交”获取英、美、法、苏等国对中国抗战同情和援助的意义。同时，国民政府也强调只有依靠本国民众“更紧密的团结”和“更坚强的抗战力量”，才能“促使国际反日行动更具体的表现出来”。[99]

此后不久，一些欧洲国家、苏联、美国相继卷入对德、意、日法西斯势力的作战中。1939年9月，随着德国入侵波兰，欧洲局势急剧恶化，英、法等国相继对德宣战。1941年6月，苏德战争爆发。1941年“珍珠港”事件之后，美国对日宣战。在欧洲和太平洋战场，第二次世界大战在地理空间上迅速蔓延。1942年1月1日，26个国家签署《联合国家宣言》，结成世界反法西斯同盟。中国的抗日战场，乃至东南亚、南亚地区的战场越来越受到盟国的关注，建构了真正的“全球二战”（global World War II）。[100]

国民政府的公民外交知识教育也同时在更广泛的“世界联合”的维度下讨论中国在被日本侵略下的遭遇，重新构建民众对于世界战争局势的关注。1942年，国民政府立法院院长、中苏国民外交协会会长孙科在中国国民外交协会第四届年会上发表题为《今后国民外交的工作》的演讲，强调“今后国民外交的工作，不应该是完全对外，应该同时注意到对内宣传与教育的工作，使国民都有点智识，能够了解世界的情势，对世界局势的转变倾向，能有深切的认识，我们要国民外交有良好的基础，便不能不注意到这些对内的工作”[101]。在孙科看来，世界情势的重要转变就是中国不再是“单独抗战”的个体，而是有了更多同盟国。中国不应只是争取友邦对华同情或者对敌直接及间接制裁，因为现在各盟国有了共同的敌人，中国也应该讲述各国作战的共同目的。中国抗日战争的目的在于“打退敌人”“收复失地”“彻底解除敌人武装”，然而“作战的终极目的，却是建立新的合理的和平”。[102]孙科的讲话揭示了“能够真正联合的世界”这一维度再次回归到公民外交知识培育的工作中。国民政府也站在追求世界和平、建立合理的国际新秩序的视角引导民众重新认识中国抗日战争的全球意义。它不仅是中国处理对日关系的外交与军事抗争，而且是同盟国一道为了改变世界秩序、建立新和平作出的贡献。为了实现对民众的教育，孙科鼓励国民外交协会在对内宣传工作中承担更重要的责任，比如“多办灌输国际智识的刊物或演讲”，“多作这种研究工作，拿研究的结果来教育民众”。[103]

具体而言，孙科分析了威胁世界和平的两股势力——法西斯主义和帝国主义。为了实现战后世界的持久和平，中国及同盟国需要在战争中完成两个目标：其一是反对法西斯的侵略扩张；其二是铲除帝国主义在世界范围内的殖民压迫。在世界大战中的中国公民，不仅要知晓战争是为了消除日本的威胁，而且“其他的帝国主义也要使它绝迹”。只有如此才能彻底改变中国作为“次殖民地”的命运。更重要的是，孙科也在其讲演中引导民众从更广泛的地理空间审视帝国主义的全球威胁。世界大战之后，不仅中国要追求独立和领土完整，而且要实现亚洲的韩国、越南、缅甸、菲律宾、印度等国都能摆脱殖民压迫、建立独立国家的目标。[104] 只有在这个意义上，世界的“持久”和平才有可能真正到来。中国在世界舞台上的命运是同世界上的其他被压迫民族联系在一起的。由此，公民外交知识培育的目的不仅在于激励民众抗日，而且应该关注其他同样受殖民压迫的弱小国家的命运，并认识到帝国主义对世界各地的荼毒以及世界大战的全球意义。

但是，该号召同时隐含着内在冲突。在二战中，英美等国既是中国的盟国，也在中国以及其他国家有殖民利益。此前出版的公民教材在批判帝国主义国家的全球扩张时，这些国家正是被批判的对象。孙科努力在这样的双重身份中寻找到一种平衡。一方面，他仍坚持孙中山的民族主义思想，摆脱帝国主义压迫，追求独立。他指出，即使中国在面对这些同为帝国主义国家的同盟国时，也要“光明磊落”地提出实现民族解放、建立独立国家的主张，只有这样才能“使和平得到永久的保障”[105]。另一方面，他也强调盟国在反法西斯战争中对民族独立与自由的共同追求。他援引罗斯福在广播演说中提到的，“世界上假使有一个民族不能获得自由，假使有一个国家受侵略，那就是我们得不到自由，我们自己受到侵略”[106]，用以说明追求民族独立和自由早已为友邦所接受和宣扬。这在一定程度上弥合了双重身份中隐含的冲突，影射了早期公民教育中追求“世界大同”的理想主义情怀。

与此同时，有关“世界大同”“人类正义”的语词也一度回归到公民教材之中。[107] 在 1940 年修订的初级中学公民课程标准中，“公民与世界”仍然是公民课程教学的内容之一，包括“对于国际”“对于人类”“对于万物”三个部分。然而，在国民党党义指导下为国家奋斗牺牲的精神仍在公民教育中占据了至高地位。1943年初版、1946年再版的《中等学校公民科教材及其教学法》提出，公民教育要“使全国人民具有国家民族之观念”，“为国家民族而奋斗牺牲之感情与行为”，使人人可以谋求“国族之强盛”“世界大同之实现的手段”。[108]在具体说明不同部分的讲授分配时，该书也明确指出，“训练‘国家的公民’较训练‘世界的公民’为重要”[109]。公民教本在讲解何谓“世界大同”时，一方面提示要参考《礼记·礼运篇》中“大道之行也，天下为公”，另一方面则强调须遵循《总理全书提要》中说明的“三民主义的大同理想”。[110]公民课本在介绍“反侵略国家联合”以及“世界和平”的宗旨时，也往往将党义的训诫融入其中。如1948年面世的第三十二版《高级小学公民课本》在讲解国民党近时的主义和政策时，概括介绍了1938年国民党临时全国代表大会上通过的《抗战建国纲领》中有关“联合世界上反侵略的国家，共同奋斗，以消灭帝国主义的侵略，恢复和平正义的世界”的内容[111]。概言之，所谓“世界大同”，不过是局限于三民主义指导下的“大同”，也只有依靠三民主义才能拯救世界。

在公民教材描述的被殖民国家追求民族独立、废除帝国主义的进程中，虽然中国同其他弱小民族处于同一战线上，但是地位却与其他亚洲殖民地国家不同。在孙科看来，由于中国在抗日战争中艰苦卓绝地付出，中国已经是“反侵略四大柱石之一”，处于“亚洲的领导地位上”。中国不仅有资格，而且应该“帮亚洲的民族说话”。只有保持亚洲的和平，才能保证世界的和平，这是中国抗战以来“对世界最伟大的贡献”。[112]因此，尽管党义教育仍然强调孙中山对“次殖民地”的定义，但是抗战中后期的公民外交知识培育中已经更加强调中国的“大国”地位和引领作用。

1943年，国民政府分别同美国和英国签订了《关于取消美国在华治外法权及处理有关问题之条约》和《关于取消英国治外法权及其有关特权的条约》。此后，公民教育中的“大国”认知倾向则更加明显。在国民政府宣称废除“不平等条约”运动成功后，“外交胜利”的喜悦一时间充斥政府公文、党报、官报等多种媒介。[113]1945年，抗战胜利，中国参加联合国制宪会议，并成为联合国的常任理事国，中国的国际地位显著提升。在战后出版和再版的公民课本中已将中国视为世界“五强”之一。[114]同时，战后公民教材也号召普通民众“学习欧美的长处”，特别是在科学技术发展上的优势，从而可以“使我国达到名实相符的强国地位”。这与“全国同胞团结一致”和“恢复固有道德”一并构成战后“弘扬民族主义”的方法。[115]

在公民教育中普及外交知识的目的逐步演变为培养大国公民在战后和平时期进行友好的日常对外交往时应有的良好精神风貌。1948年国民政府教育部发布《公民训练目标》，将“启发儿童关于人民权责”“人类亲爱”“国际合作”等观念列入公民训练的教学任务之中。[116]中华民国外交部和教育部合编了《国民对外交际常识》，其最主要的目的是培育民众如何在日常生活中与外国人士进行友好平等的交往。该书序言写道：“今我政府已与英美各国分别签订平等互惠之新约，国家已获得完全独立平等自由之地位，此后全国人民，应淬砺奋发，自强不息，务使言行悉达国际最高之标准，维持我礼义之邦之风度。”[117]该书在引言中亦援引蒋介石在《签订新约告全国军民书》中所言：“我们国家今日既取得了平等地位之后，各友邦在华人士就都要受我们法律的保护，所以我们对于他们无论其来华游历的或在中国侨居的商人或教士，凡是以平等待我而遵守我们法律的，我们都要对他们敦睦友爱优礼相待。”[118]为此，该书着重介绍一般民众在日常生活中该如何应对同外国民众在不同友好情境下进行日常交往，诸如鞠躬、握手、脱帽的礼仪，让位、次序规范等，拜访的时间、名片使用，宴会的席次安排、席间礼貌、敬语，不同场合应着何种服装，等等。例如，在讲解交际场合中的次序问题时，除了长幼之序、女士优先等原则外，特别介绍了大使、公使应以其呈递国书日期为序，代办则以到任日期之先后为序。此外，若悬挂两国国旗，则本国国旗应居右侧；若悬多国国旗，则应“先挂中、美、英、苏四强国旗，余以首字母为序”[119]。在“席次问题”部分，该书讲解了“男女宾相间”“华洋宾客夹坐”等原则，并且用图示说明了在少则十人、多至百余人的宴会上，应该怎样在长桌、圆桌、T型桌、U型桌、册字桌的不同安放场景下安排男女主宾及陪坐的席次。[120]不过，本书最末也提示读者，礼待友邦必会增进感情，但是对外人亲厚也应有限度，“须注意于谈吐中万勿感情从事，畅所欲谈，甚或泄露国防军事等重要机密”[121]。该书通过讲解种种对待内外宾客的礼仪，希望读者学会一种“使对方乐于接近”“不使见者增加不快”的“交际之道”。[122]由此，国民政府希望通过培养公民日常行为规范，宣传中国国际地位变化的现实和国民政府取得的成就，希望公民能够在中国获取国际平等地位之后呈现新的精神面貌。

在第二次世界大战背景下的公民教育，一定程度上迎来了“世界”维度的回归。但是，国民党党义也赋予并限定了“世界大同”思想新的战时内涵。在这个新的“世界”观念之中，公民应该认识到中国具有多重身份。一方面，它同亚洲其他弱小国家一样遭受帝国主义侵略、殖民压迫、法西斯主义威胁。另一方面，中国的抗战牺牲也奠定了它作为亚洲领导者的身份。在战后的大国合作中，国民政府更强调中国同美英等大国的平等地位，也因此要求个体展现“大国公民”的风范。1947年，国立编译馆出版的《初级中学公民》为“作为世界重要一份子”的战后青年规划了应具备的“正确的世界观”，即青年应该认识到中国的传统文化和抗战牺牲为世界作出了巨大贡献，因此要“自信自尊”，不能“自暴自弃”；中国的强大是东亚安定的保障，所以应该发奋图强早日完成建国工作，从而保障东亚稳定；中国作为联合国的一员应与美苏英法等民主国家通力合作保障世界的和平。[123]公民个体再一次与世界的命运相联，但是这种关联是隐藏在“三民主义”思想之后的。

## 七、结语

1946年，袁公为编写的《中等学校公民科教材及其教学法》总结了公民教育作为“政治工具”所经历的内容变迁。该书认为，君主政治时期公民教育的目的在于训练“驯良之顺民”，培养其个人道德修养和忠君观念；军阀政治时期的公民教育则因国内政治混乱而“无一定之立场作根据”；国民政府时期的公民教育则“以三民主义为最高准则，其内容重在三民主义革命理想之培养，目标既较确定，功效自易表现”。[124]这一概括不可谓不直白。在战争与革命的背景中，国民政府主导下的公民课程衍生并异化成一套党义教育的政治模本。在一个被改写和曲解的“公民教育”体系中，三民主义成为架构起公民个体同国家、世界关联的纽带和知识武器。向公民普及外交知识也是为国家培育了解国民党党义所描绘的国际现实，并且具有服从精神的革命公民。

孔飞力（Philip Kuhn）在《中国现代国家的起源》中谈到，自清末以来，中国一直需要协调政治参与的扩大与国家权力及其合法性的加强之间的矛盾。[125]这正是一战后处于外交民主化浪潮之下的国家面临的命题，即如何处理外交大众化与外交专业化之间的关系。国民政府解决二者矛盾的手段是在公民教材介绍外交知识时强化灌输国民党党义，以增长公民外交知识、提高公民监督和参与外交能力的名义，在公民形成个体、国家、世界之间关系认识的根源上加强了思想控制。因此，外交知识的对内价值并不止于外交民主化理论通常强调的在形式上扩充或保障公民对外交事务的知情权、监督权、参与权，更在于从思想和组织上建构乃至统一了公民的观念。

在有关个体、国家、世界关系的讨论中，“外交”提供了一个天然的平台。外交知识既是教学的具体内容，又是考察衡量公民能力的标准，还是承载党义工具的载体。在公民教材向学生讲述外交的过程中，“内”与“外”的力量是相互交织的。它增添了公民概念的国际维度，也改造了原本属于精英的外交概念。然而，在借公民教育之际传播外交知识和以外交知识培育国民政府所谓“模范公民”二者之间，恐怕后者才是这场国民政府主导下的外交知识普及实践的终极目标和本质诉求。

## 注释

1. Robert Culp, *Articulating Citizenship: Civic Education and Student Politics in Southeastern China, 1912—1940*, Cambridge, Mass.: Harvard University Asia Center, Distributed by Harvard University Press, 2007.

2.《奏定初等小学堂章程》《奏定高等小学堂章程》，载舒新城编：《中国近代教育史资料》（中册），北京：人民教育出版社 1981 年版，第 414、429 页。

3.《奏定中学堂章程》，载舒新城编：《中国近代教育史资料》（中册），第 502 页。

4.《教育部订小学校教则及课程表》，载舒新城编：《中国近代教育史资料》（中册），第 451 页。

5. Peter Zarrow, *Educating China: Knowledge, Society, and Textbooks in a Modernizing World, 1902—1937*, Cambridge: Cambridge University Press, 2015, pp. 101—108.

6. 吴研因：《教育通论：新学制小学课程纲要（吴研因先生在上海中华暑期学校演讲）》，何伟如记，《中华基督教育》1923 年第 2 期，第 13 页。

7. 程湘帆：《公民教育之宗旨与目标》，《新教育》1922 年第 3 期，第 398—399 页。

8.《新学制课程标准纲要：新学制课程标准纲要之缘起》，《河南教育公报》1923 年第 15—17 期合刊，第 3 页。

9. 同上文，第 16、18 页。

10. 周鲠生：《新学制课程标准纲要：初级中学公民学课程纲要》，《河南教育公报》1923 年第 15—17 期合刊，第 1—6 页。

11. 周之淦、杨中明、卢殿仪：《公民学课程大纲》（上编），上海：商务印书馆 1923 年版，第 5 页。

12. 朱经农：《讲演录：新学制课程（附表）》，《新教育》1923 年第 2—3 期，第 399、403 页。

13. 有关大众知识读物介绍外交知识的特点，见赫佳妮：《战争、革命与中国现代外交叙事的形成——基于 20 世纪 30 年代外交知识类图书的考察》，《外交评论》2023 年第 2 期，第 76—103 页。

14. Peter Zarrow, *Educating China*, p. 7.

15. 徐强、刘新生：《舒新城日记选录（一）》，《中国出版史研究》2019 年第 1

期，第 144 页。

16. 顾树森：《德国职业指导实施法》，上海：中华书局 1926 年版，导言，第 1—3 页。苏州市地方志编纂委员会：《苏州市志》，南京：江苏人民出版社 1995 年版，第 849 页。

17. 参见，潘文安：《职工补习教育之利益》，《东方时报》1926 年 11 月 19 日，第 10 版。《中国教育之新生命：潘文安在全国教育会议讲演》，《世界日报》1928 年 6 月 7 日，第 6 版。潘文安：《青年职业指导》，上海：大东书局 1929 年版。潘文安：《职业教育 ABC》，上海：世界书局 1929 年版。

18. 左双文等：《折冲之道：以颜惠庆、傅秉常、张忠绂等为中心》，第 455 页。

19. 毕苑：《近代公民教育的兴起及转向——以公民教科书为中心》，《中国社会科学院近代史研究所青年学术论坛》（2010 年卷），第 299—320 页。陆一爽：《论民国公民教育的起源与变迁》，《苏州大学学报（法学版）》2021 年第 3 期，第 23—31 页。毕苑：《从〈修身〉到〈公民〉：近代教科书中的国民塑形》，《教育学报》2005 年第 1 期，第 90—95 页。陈华：《中国公民教育的诞生——课程史的研究》，博士学位论文，华东师范大学，2012 年。刘霞：《中国公民教育的反思与重构——基于百年母语教科书的文本分析》，博士学位论文，南京师范大学，2016 年。

20. Henrietta Harrison, *The Making of the Republican Citizen: Political Ceremonies and Symbols in China, 1911—1929*, Oxford, New York: Oxford University Press, 2000.

21. 赫佳妮：《战争、革命与中国现代外交叙事的形成——基于 20 世纪 30 年代外交知识类图书的考察》，第 94—101 页。

22. 曾荣：《近代中国“国民外交”的渊源流变》，第 312—381 页。Daniel Hucker, *Public Opinion and Twentieth-Century Diplomacy: A Global Perspective*; Christina la Cour, “The Evolution of the ‘Public’ in Diplomacy,” pp. 22—35.

23. 有关外交作为一种“思想资源”和“概念工具”的作用，见赫佳妮：《战争、革命与中国现代外交叙事的形成——基于 20 世纪 30 年代外交知识类图书的考察》，第 76—103 页。

24. 舒新城：《新中学教科书初级公民课本》第 3 册，上海：中华书局 1924 年版，第 21—22 页。

25. 梁启超：《国际同盟与中国》，《国民公报》1918 年 12 月 8 日，第 2 版。

26. 李大钊：《联治政府与世界组织》，《新潮》1919 年第 2 期，第 152、155 页。

27. 舒新城：《新中学教科书初级公民课本》第 3 册，上海：中华书局 1924 年版，第 79 页。

28. [美] 司克脱编：《两次海牙国际和平会盟约全书》，钱宝源译，上海：商务印书馆 1921 年版，第 39—40 页。

29. 林学忠：《从万国公法到公法外交：晚清国际法的传入、诠释与应用》，第

316—345 页。唐启华：《清末民初中国对“海牙保和会”之参与（1899—1917）》，《国立政治大学历史学报》2005 年第 23 期，第 45—90 页。

30.［美］司克脱编：《两次海牙国际和平会盟约全书》，例言，第 1 页。

31. 舒新城：《新中学教科书初级公民课本》第 3 册，上海：中华书局 1924 年版，第 78—79 页。

32. 周之淦、杨中明、卢殿仪：《公民学课程大纲》下编，上海：商务印书馆 1923 年版，第 166—167 页。

33. 孙祖基：《公民纲要》，上海：青年协会书报部 1926 年版，第 2—3 页。

34. 顾树森、潘文安：《新著公民须知（道德编）》，第 61—62 页。

35. 同上书，第 61 页。庄适：《新法国语教科书》第 8 册，第 45 页。

36. 桑兵：《世界主义与民族主义——孙中山对新文化派的回应》，《近代史研究》2003 年第 2 期，第 78—80 页。

37. 王仲和、金崇如、冯顺伯：《初中公民学教本》第 2 编，南京：江苏省立第一中学校 1924 年版，第 190 页。注：该书 1924 年版本为全一册，分三编。1926 年版本分册。注释中以第 2 编和第 2 册区分。顾树森、潘文安：《新著公民须知（道德编）》，第 59—60 页。

38. 高阳、陶汇曾：《新撰初级中学教科书公民》第 1 册，上海：商务印书馆 1926 年版，第 100—102 页。

39. 顾树森、潘文安：《新著公民须知（道德编）》，第 60 页。

40. 高阳、陶汇曾：《新撰初级中学教科书公民》第 1 册，第 100—102 页。这里的“国际主义”与早期的马克思主义者所倡导的国际主义并非同义。

41. 舒新城：《新中学教科书初级公民课本》第 3 册，上海：中华书局 1924 年版，第 18 页。

42. 朱文叔：《新小学教科书公民》第 4 册，上海：中华书局 1923 年版，第 21—22 页。

43. 顾树森、潘文安：《新著公民须知（道德编）》，第 58—59 页。

44. 王仲和、金崇如、冯顺伯：《初中公民学教本》第 2 编，第 180 页。

45. Xu Guoqi, “The Age of Innocence: The First World War and China’s Quest for National Identity,” PhD Dissertation, Harvard University, 1999, p. 91.

46. 陈廷湘：《中国近代民族主义与世界主义的对抗与共存》，《社会科学战线》2021 年第 1 期，第 133 页。

47.《中国国民党为出师北伐宣言》，《中国国民党国民革命军第七军特别党部月刊》1926 年第 5 期，第 28 页。

48. Harrison, *The Making of the Republican Citizen*, p. 85.

49. 王仲和、金崇如、冯顺伯：《初中公民学教本》第 2 编，第 193 页。

50. 王仲和、金崇如、冯顺伯：《初中公民学教本》第2册，第84页。

51. 孙祖基：《不平等条约讨论大纲》，上海：青年协会书局1925年版，第1—2页。

52. 书中题为《取消不平等条约之先例》，并注为1925年6月26日发表的《第二宣言》。此应为6月28日发表的《中国国民党中央执行委员会为废除不平等条约告全国民书》。之所以将其称为“第二宣言”，是与同月22日国民党发表的《中国国民党为广州事变告世界各国人民书》相较而言。

53. 王仲和、金崇如、冯顺伯：《初中公民学教本》第2册，第152—153页。

54. 同上书，第84—85页。

55. 赵复、胡钟瑞：《复兴公民教学法》第2册，上海：商务印书馆1934年版，第40页。

56. 舒新城：《新中学教科书初级公民课本》第3册，上海：中华书局1929年版，第19—20页。

57. 蒋建白：《复兴初级中学教科书公民教员准备书》第1册，上海：商务印书馆1935年版，第115页。

58. 徐逸樵：《徐氏初中公民》第3册，上海：世界书局1934年版，第59页。

59. 同上书，第64页。

60. Harrison, *The Making of the Republican Citizen*, p. 185.

61. 陆绍昌、刘传厚：《新中华公民课本》第5册，上海：新国民图书舍1931年版，第10—16页。闻吉甫等：《新中华公民课本教授书》第5册，上海：新国民图书舍1930年版，第28、33页。

62. 王仲和、金崇如、冯顺伯：《初中公民学教本》第2册，第83页。

63. Zarrow, *Educating China*, p. 113.

64.《国民党中央常务会议通过的检定各级学校党义教师条例》(1928年6月30日)，载中国第二历史档案馆编：《中华民国史档案资料汇编》第5辑第1编，南京：江苏古籍出版社1994年版，第1072—1075页。

65.《国民党北平政治分会关于白崇禧提议实行三民主义化教育案致国民政府代电》(1928年7月28日)，载中国第二历史档案馆编：《中华民国史档案资料汇编》第5辑第1编，第1073—1075页。

66.《南京国民政府公布各级学校增加党义课程暂行条例》(1928年7月30日)，载中国第二历史档案馆编：《中华民国史档案资料汇编》第5辑第1编，第1073—1075页。

67. 毕苑：《近代公民教育的兴起及转向——以公民教科书为中心》，第313—314页。

68.《国民党中央训练部通知各书局（店）须将党义书籍送审函》(1928年4—10月)，载中国第二历史档案馆编：《中华民国史档案资料汇编》第5辑第1编，第1110—1112页。

69. Yeh Wen-Hsin, *The Alienated Academy: Culture and Politics in Republican China, 1919—1937*, Boston: Harvard University Asia Center, 1990, pp. 167—182.

70.《初中三民主义公民学学程纲要》，江苏省立上海中学校教务处编：《社会学科学程纲要》，上海：江苏省立上海中学校教务处，1929年版，第3页。《高中三民主义公民学学程纲要》，江苏省立上海中学校教务处编：《社会学科学程纲要》，第2页。

71.《初中三民主义公民学学程纲要》，第1页。《高中三民主义公民学学程纲要》，第1页。

72. 舒新城：《新中学教科书初级公民课本》第3册，上海：中华书局1924年版，第10页。

73. 舒新城：《新中学教科书初级公民课本》第3册，上海：中华书局1929年版，第85页。

74.《高中三民主义公民学学程纲要》，江苏省立上海中学校教务处编：《社会学科学程纲要》，第1—2页。

75. 朱元懋：《建国初中公民教学参考书》，南京：正中书局1937年版，第1—2页。

76.《国民政府文官处与国民党中央秘书处等单位关于中小学党义课程归并各科改称"公民"课的往来文件》(1932年8月至1933年4月)，中国第二历史档案馆编：《中华民国史档案资料汇编》第5辑第1编，第1090—1096页。

77. 同上。

78. 毕苑：《近代公民教育的兴起及转向——以公民教科书为中心》，第318页。

79. 吴小鸥、姚艳：《民族脊梁：1933年"复兴教科书"的启蒙坚守》，《华东师范大学学报（教育科学版）》2015年第4期，第113页。

80. 赵景源、魏志澄：《复兴公民教科书》第2册，上海：商务印书馆1934年版，第5—6页。

81. 赵复、胡钟瑞：《复兴公民教学法》，第31—32、35页。

82. Stephen G. Craft, "Opponents of Appeasement: Western-educated Chinese Diplomats and Intellectuals and Sino-Japanese Relations, 1932—37," *Modern Asian Studies*, Vol. 35, No. 1, 2001, pp. 196—197.

83. 上海申报社：《国联调查团报告书》，上海：上海申报社1932年版，第105页。

84. 孙伯謇：《复兴初级中学公民课本》第2册，第32页。另见，赵复、胡钟瑞：《复兴公民教学法》，第190页。

85. 徐逸樵：《徐氏初中公民》，第27页。

86. 钱安毅：《初中公民》第2册，南京：正中书局1935年版，第98页。

87. 同上书，第98页。

88. 宗亮寰、吕金錄、赵景源：《复兴公民教科书》第3册，上海：商务印书馆1937年版，第12—13页。

89. 同上书，第14—16页。

90. 叶楚伧、陈立夫主编：《初中公民》第2册，南京：正中书局1935年版，第16—17页。

91. 同上书，第89页。

92. 同上书，第16—17页。

93. 徐逸樵：《徐氏初中公民》第3册，第8页。

94. 同上书，第19页。

95. 王铭玉等：《初小社会教学法》第8册，第75页。

96. 赵景源、魏志澄：《复兴公民教科书》第1册，上海：商务印书馆1934年版，第6页。

97. 同上书，第108—109页。

98. 赵复、胡忠瑞：《复兴公民教科书》第4册，上海：商务印书馆1933年版，第42页。另见，赵复、胡钟瑞：《复兴公民教学法》，第188页。

99. 俞汝朋：《战时公民常识》，第57—67页。

100. 近来，"全球二战"这一概念越来越受到国际学界的关注，旨在将原本只关注欧洲战场的研究视野拓展至亚洲、非洲、拉美等地。不仅关注战场上的军事活动，而且关注与此相关的社会动员、文化活动、卫生医疗、饥荒、自然灾害、女性群体等一系列社会议题。参见 Hans van de Ven, *China at War: Triumph and Tragedy in the Emergence of the New China*, Cambridge, Mass.: Harvard University Press, 2018。

101. 孙科：《中国与战后世界》，上海：商务印书馆1946年版，第53页。

102. 同上书，第54—57页。

103. 同上书，第54页。

104. 同上书，第57—58页。

105. 同上。

106. 同上书，第58页。

107. 袁公为：《中等学校公民科教材及其教学法》，上海：商务印书馆1946年版，第29—30页。国立编译馆：《初级中学公民》第1册，上海：大中国图书局、新亚书店、广益书局、北新书局、中联印刷公司1948年版，第10页。国立编译馆：《初级中学公民》第3册，上海：世界书局1947年版，第109页。钱安毅：《高中公民》，贵阳：文通书局1942年版，第18—19页。

108. 袁公为：《中等学校公民科教材及其教学法》，第3页。

109. 同上书，第171页。

110. 同上书，第172页。另参见，教育部：《初级中学公民》第3册，第108—110页。

111. 国立编译馆：《高级小学公民课本》第3册，上海：商务印书馆1948年版，第 5 页。

112. 孙科：《中国与战后世界》，第 58 页。

113.《国民日报社》社论：《五十年外交奋斗之光荣》，1943 年 1 月 20 日，《中央日报社》社论：《平等自由的光明灯塔》，1943 年 2 月 13 日，林泉编：《抗战期间废除不平等条约史料》，第 1016—1018、1031—1032、1039—1042 页。

114. 国立编译馆：《初级中学公民》第 1 册，第 8 页。

115. 同上书，第 8—10 页。国立编译馆：《初级中学公民》第 2 册，上海：国定中小学教科书七家联合供应处 1948 年版，第 15 页。

116.《教育通讯》1948 年第 6 卷第 6 期，第 31 页。

117. 外交部、教育部编：《国民对外交际常识》，上海：中国文化服务社 1945 年版，第 1 页。

118. 同上书，第 1—2 页。

119. 同上书，第 9 页。

120. 同上书，第 19—31 页。

121. 同上书，第 50 页。

122. 同上书，第 3 页。

123. 国立编译馆：《初级中学公民》第 3 册，第 98—99 页。

124. 袁公为：《中等学校公民科教材及其教学法》，第 29—30 页。

125. Philip A. Kuhn, *Origins of the Modern Chinese State*, Stanford, California: Stanford University Press, 2002, p. 2.

# 余论　外交的大众化、知识化、本土化

外交是一门古老的技艺、实践和学说。但是，在其学科发展的道路上始终面临挑战。一战后，国际关系作为一个学科应运而生，逐渐从外交史、法律、政治学等专业中独立出来，欧美各大学相继设立国际关系专业，旨在培养能够维护持久和平、处理国家间关系的专业人才。[1] 相应地，国际史也开始渐渐取代外交史成为一门专业。[2] 然而，在20世纪的两次世界大战和全球冷战的背景中，在钟情于权力政治的现实主义国际政治学者看来，外交是毫无用处的，战争与权力争夺才是构建国际秩序的根本力量。在强权政治之下，外交手段是无法与军事实力的作用相提并论的。

在外交学的研究中，越来越多的学者指出外交的概念渐趋模糊。一方面，随着外交形式的多样化，似乎国家参与的一切国际事务、所有的交往实践都可以被视为外交。在二战后国家间联合，特别是冷战结束之后更大规模的经济全球化之后，世界上能够观察、接触、监督甚至直接参与对外交往事务的主体及其活动方式极大地丰富了。学界和业界就何为“外交”的理解越来越多样。[3] 更多的外交事务已经展现出了非国家、非领土的特征。[4] 如夏普所说，只能在实践和应用中理解“外交”，而无法抓取一个“准确的、固定的、权威的”含义，公众、外交从业者、学界也对“外交”有截然不同的理解和认知。这固然丰富了外交学的研究视阈，但是却导致对“外交”的界定更加困难、空泛。另一方面，外交也往往被过度神话化，它往往事涉重大、事关敏感，使人望而却步。[5]

外交史学科同样遭遇挑战。传统外交史研究关注国家制定、执行外交政策的起源、过程及其影响。政府解密档案无疑是它最重要，也是最主要的研究资料来源。但是，自20世纪60年代起，学界就已经有呼声指出，大量援引政府档案的外交史研究只是对官方文件叙述的简单复制，抑或是为政府行为寻求合法性解释的遮羞布。社会史、文化史、日常生活史也将对外关系史的关注视角不断向下层迁移。事实上，放眼至非西方的外交语境之下，军事力量、运动、政党、民众、文化、文明等诸多非国家要素原本就在国家外交实践与叙事建构中发挥着重要的作用。[6]以西方精英的外交理论和实践为核心的外交学研究也在全球寻求多元视野。[7]

直至今日，这些批评的声音仍然存在。20世纪上半叶，外交在中国走向大众的历史为我们提供了一个反思外交学研究的过去与未来的窗口。在本书的讨论中，“走向大众”包含两个层次的含义。其一，在程序意义上，伴随着外交民主化理论和思想的蔓延，原本被完全屏蔽在外交这门技术和实践之外的大众，开始被赋予参与外交的权利。在法律意义上，国家通过立法保障了公众对外交事务的知情权。外交不再只是达官贵人的游戏，政府的决策需要通过议会接受公众的监督和认可。在思想上，政治学家有关主权、代议制民主的讨论，为公众的参与奠定了理论基础。同时，他们也争辩公众意见究竟是“进步的”还是“盲目的”。以威尔逊和列宁为代表的政治家相信，公众比那些帝国“虚伪的”外交官更能形成理性的判断，因而应该允许并扩大公众参与。相反，尼科尔森则一直对公众不稳定的情绪持怀疑的态度。但这不意味着完全拒绝公众的参与，而是要求政府加强对公众的教育和引导。这是因为在实践上公众的参与已经形成了不可逆转的全球趋势。无论是一战后对和平充满渴求的欧洲公众，还是希望改变国家被压迫命运的中国民众，他们不仅获得了参与的权利，而且也迫切地希望参与外交、发出自己的声音。无论情愿与否，精英接受了公众必须参与外交的现实，必须重视公众的声音。即便他们不认可公众意见，也不能对之视若无睹，而是必须找到恰当的方式回应、引导、说服。

其二，在外交精英意识到大众的声音不容忽视后，他们以自己的方略协调外交的专业化与大众化之间的矛盾。他们既积极发动大众，又寻求掌控大众的方式，以求最大限度利用大众力量。为此，他们将“外交”本身打造成为一种思想资源和工具，通过向大众普及有关外交的知识，实现改造大众的目的。因而，“走向大众”的外交不只完成了程序意义上的变革，更重要的是，它实现了外交从精英技艺和专业理论向大众知识化的转型，并由此深刻地影响了大众对于世界和国家的认知、塑造了国内政治走向。

20世纪上半叶，绝大多数的中国普通公众并没有走出国门、亲眼目睹外部世界的机会，而有关外交的知识则天然引导他们将目光投向外部，审视本国同外部世界的关联。通过学习外交知识，大众读物向普通读者讲述了一个强权林立的现实世界，中国在这个强权丛林中饱受欺凌和压迫。同时，他们也意识到在丛林世界的“弱肉强食”之外，国家间关系的运行也有既定的规则和协商的平台。尽管这些规则和平台有时形同虚设，但是若一味拒绝，甚至违反基本的外交规范，那么只能将中国陷入更危险的境地。在这样的世界现实中，民众不仅应该积极反抗和斗争，而且要善于利用规则为自己寻求道义支持和空间。由此，大众中潜藏的巨大能力既能投入国民外交运动的洪流之中，又能在一定程度上形成自我约束。

外交作为一种概念工具和思想武器的价值还展现在外交知识讲述者将自身的政治目的、现实诉求和价值取向融入知识的生产与传播过程中。在20世纪上半叶中国政权频繁更迭、各党派相争的背景下，公众的支持是他们争夺的重要资源。各方都以“外交”为由批评对手的政策、合法化自己的主张。在北伐战争之后，各方更通过角逐外交话语权来争夺“革命”主导权。讲述外交知识成为一把有力的革命工具和话语武器。它能在己方的革命追求之下动员力量，并将其归束于革命纪律、革命组织、革命领导的严密体系之中，构建支持革命政权的稳固力量。

整体观之，20 世纪上半叶，“外交”在中国走向大众的过程，并不是一个单向度的扩散。它不是以欧洲为中心向中国完成单向辐射和传输，也不是以精英为核心向大众的灌输。尽管西文译介和精英话语的重要性毋庸置疑，但是，知识传播并非交流者将信息完整无损地包裹起来复制给接收者并被全盘接纳。正如彼得·伯克所说，知识并不是“传送带上的土豆”[8]。外交走向中国大众的过程，见证了外交如何在中国本土战争与革命的社会环境中扎根，也展现了大众对于精英外交概念的重塑。强调胜利、讲求纪律、要求服从、重视斗争的积极性、倚赖宣传、注重运动，这些是 20 世纪上半叶中国大众了解的外交知识的特色，也在整个 20 世纪的中国外交话语与实践中留下了深厚的遗产。中国的经验打破了以欧洲为中心的外交学知识网络，也是世界历史上非西方声音的代表，充实了全球外交学的研究基础。

## 注释

1. Veronika Stoilova, “The First World War and the Institutionalization of International Relations as an Academic Discipline,” *Balkanistic Forum*, Vol. 29, No. 2, 2020, pp. 58—64.

2. David Stevenson, “Learning from the Past: The Relevance of International History,” *International Affairs*, Vol. 90, No. 1, 2014, pp. 5—22.

3. Kadir Jun Ayhan, “The Boundaries of Public Diplomacy and Nonstate Actors: A Taxonomy of Perspectives,” *International Studies Perspectives*, Vol. 20, No. 1, 2019, pp. 63—83. Stuart Murray, “Consolidating the Gains Made in Diplomacy Studies: A Taxonomy,” *International Studies Perspectives*, Vol. 9, No. 1, 2008, pp. 22—39. Dan Hart and Asaf Siniver, “The Meaning of Diplomacy,” *International Negotiation*, Vol. 26, No. 2, 2021, pp. 159—183.

4. Ole Jacob Sending, Vincent Pouliot, and Iver B. Neumann, “The Future of Diplomacy: Changing Practices, Evolving Relationships,” *International Journal*, Vol. 66, No.3, 2011, p. 530.

5. 张清敏：《外交的本质与崛起大国的战略选择》，第 2 页。

6. Natalia Grincheva and Robert Kelly, “Introduction: Non-state Diplomacy from Non-Western Perspectives,” *The Hague Journal of Diplomacy*, Vol. 14, No. 3, 2019, pp. 199—208.

7. Jan Melissen, “Diplomatic Studies in the Right Season,” in Stuart Murray et al. eds., “The

Present and Future of Diplomacy and Diplomatic Studies," *International Studies Review*, Vol. 13, No. 4, 2011, p. 724. Stuart Murray, "Diplomatic Theory and the Evolving Canon of Diplomatic Studies," in "The Present and Future of Diplomacy and Diplomatic Studies," p. 719.

8. [英] 彼得·伯克:《知识社会史：从〈百科全书〉到维基百科》(下卷)，汪一帆、赵博囡译，杭州：浙江大学出版社 2016 年版，第 98 页。

# 参考文献

## 一、英文文献

Acharya, Amitav, and Barry Buzan. *The Making of Global International Relations: Origins and Evolution of IR at its Centenary*. Cambridge: Cambridge University Press, 2019.

Ayhan, Kadir Jun . "The Boundaries of Public Diplomacy and Nonstate Actors: A Taxonomy of Perspectives." *International Studies Perspectives*, Vol. 20, No. 1, 2019, pp. 63—83.

Brierly, J. L. "International Law: Its Actual Part in World Affairs." *International Affairs (Royal Institute of International Affairs 1944—)*, Vol. 20, No. 3, 1944, pp. 381—389.

Buzan, Barry, and George Lawson. *The Global Transformation: History, Modernity and the Making of International Relations*. Cambridge: Cambridge University Press, 2015.

Chatterjee, Charles. *International Law and Diplomacy*. London: Routledge, 2007.

Chen, Li. "The Acquisition and Use of International Law by Chinese Diplomats as a Sword to Defend Sovereignty and Challenge Chinese Exclusion Act in the Late Qing Dynasty." *Hong Kong Law Journal*, Vol. 47, No. 3, 2017, pp. 987—1012.

Cheong, Kee Cheok, Lee Kam Hing, and Pop Ping Lee. "Chinese Overseas Remittances to China: The Perspective from Southeast Asia." *Journal of Contemporary Asia*, Vol. 43, No. 1, 2013, pp. 75—101.

Craft, Stephen G. "Opponents of Appeasement: Western-educated Chinese Diplomats and Intellectuals and Sino-Japanese Relations, 1932—37." *Modern Asian Studies*, Vol. 35, No. 1, 2001, pp. 195—216.

Crawford, James and Martti Koskenniemi eds. *The Cambridge Companion to International Law*. Cambridge: Cambridge University Press, 2012.

Culp, Robert. *Articulating Citizenship: Civic Education and Student Politics in Southeastern China, 1912—1940*. Cambridge, Mass.: Harvard University Asia Center, Distributed by Harvard University Press, 2007.

Ebben, Maurits A., and Louis Sicking, eds. *Beyond Ambassadors: Consuls, Missionaries, and Spies in Premodern Diplomacy*. Leiden: Brill, 2020.

Frigo, Daniela. *Politics and Diplomacy in Early Modern Italy: The Structure of Diplomatic Practice, 1450—1800*. Cambridge: Cambridge University Press, 2000.

Grewe, Wilhelm G. "The Role of International Law in Diplomatic Practice." *Journal of the History of International Law*, Vol. 1, No. 1, 1999, pp. 22—37.

Grincheva, Natalia and Robert Kelly. "Introduction: Non-state Diplomacy from Non-Western Perspectives." *The Hague Journal of Diplomacy*, Vol. 14, No. 3, 2019, pp. 199—208.

Harrison, Henrietta. *The Making of the Republican Citizen: Political Ceremonies and Symbols in China, 1911—1929*. Oxford and New York: Oxford University Press, 2000.

Harrison, Henrietta. *The Perils of Interpreting: The Extraordinary Lives of Two Translators between Qing China and the British Empire*. Princeton:

Princeton University Press, 2021.

Harrison, Tom. "What is Public Opinion?" *The Political Quarterly*, Vol. 11, No. 4, 1940, pp. 368—383.

Hart, Dan, and Asaf Siniver. "The Meaning of Diplomacy." *International Negotiation*, Vol. 26, No. 2, 2021, pp. 159—183.

Hawtrey, Ralph George. *The Economic Aspects of Sovereignty.* New York: Garland Pub., 1983.

Hicks, George L. *Overseas Chinese Remittances from Southeast Asia, 1910—1940.* Singapore: Select Books, 1993.

Hsü, Immanuel C. Y. *China's Entrance into the Family of Nations: The Diplomatic Phase, 1858—1880.* Cambridge, Mass.: Harvard University Press, 1960.

Hucker, Daniel. *Public Opinion and Twentieth-Century Diplomacy: A Global Perspective.* London, New York, NY: Bloomsbury Academic, an imprint of Bloomsbury Publishing Plc., 2020.

Inspector General of Customs, China. *Treaties, Conventions, Etc., Between China and Foreign States.* Vol. 1. Shanghai: Order of the Inspector General of Customs, 1917.

Kerr, Pauline and Geoffrey Wiseman eds. *Diplomacy in a Globalizing World: Theories and Practices.* New York and Oxford: Oxford University Press, 2013.

Koo, Vi Kyuin Wellington. "The Status of Aliens in China," PhD Dissertation. Columbia University, 1912.

Krischer, André J., and Hillard von Thiessen. "Diplomacy in a Global Early Modernity: The Ambiguity of Sovereignty." *The International History Review*, Vol. 41, No. 5, 2019, pp. 1100—1107.

Kuhn, Philip A. *Origins of the Modern Chinese State.* Stanford, California: Stanford University Press, 2002.

La Cour, Christina. "The Evolution of the 'Public' in Diplomacy." *Place Branding and Public Diplomacy*, Vol. 14, No. 1, 2018, pp. 22—35.

Leong, Stephen. "The Malayan Overseas Chinese and the Sino-Japanese War, 1937—1941." *Journal of Southeast Asian Studies (Singapore)*, Vol. 10, No. 2, 1979, pp. 293—320.

Li, Hsiao-t'i. "Late Qing Encyclopedists: Establishing a New Enterprise." *Bulletin of the Institute of History and Philology Academia Sinica*, Vol. 81, 2010, pp. 651—700.

Lin, Man-houng. "Overseas Chinese Merchants and Multiple Nationality: A Means for Reducing Commercial Risk (1895—1935)." *Modern Asian Studies*, Vol. 35, No. 4, 2001, pp. 985—1009.

Liu, Lydia H. *The Clash of Empires: The Invention of China in Modern World Making*. Cambridge, Mass.: Harvard University Press, 2004.

Manela, Erez. *The Wilsonian Moment: Self-Determination and the International Origins of Anticolonial Nationalism*. New York: Oxford University Press, 2007.

Manela, Erez. "Wilson and Lenin." *Diplomatic History*, Vol. 42, No. 4, 2018, pp. 521—524.

Mayer, Arno J. *Political Origins of the New Diplomacy, 1917—1918*. New Haven: Yale University Press, 1959.

Murray, Stuart. "Consolidating the Gains Made in Diplomacy Studies: A Taxonomy." *International Studies Perspectives*, Vol. 9, No. 1, 2008, pp. 22—39.

Nicolson, Harold. "Peacemaking at Paris: Success, Failure or Farce?" *Foreign Affairs*, Vol. 25, No. 2, 1947, pp. 190—203.

Ong, Aihwa and Donald Nonini eds. *Ungrounded Empires: The Cultural Politics of Modern Chinese Transnationalism*. New York: Routledge, 2003.

Ong, Soon Keong. "'Chinese, but not Quite': Huaqiao and the

Marginalization of the Overseas Chinese." *Journal of Chinese Overseas*, Vol. 9, No. 1, 2013, pp. 1—32.

Osborne, Toby. "Whither Diplomatic History? An Early-Modern Historian's Perspective." *Diplomatica*, Vol. 1, No. 1, 2019, pp. 40—45.

Phillips, Steven. "National Legitimacy and Overseas Chinese Mobilization." *Journal of Modern Chinese History*, Vol. 7, No. 1, 2013, pp. 64—86.

Sending, Ole Jacob, Vincent Pouliot, and Iver B. Neumann. *Diplomacy and the Making of World Politics*. Cambridge: Cambridge University Press, 2015.

Sending, Ole Jacob, Vincent Pouliot, and Iver B. Neumann. "The Future of Diplomacy: Changing Practices, Evolving Relationships." *International Journal*, Vol. 66, No. 3, 2011, pp. 527—542.

Stevenson, David. "Learning from the Past: The Relevance of International History." *International Affairs*, Vol. 90, No. 1, 2014, pp. 5—22.

Stoilova, Veronika. "The First World War and the Institutionalization of International Relations as an Academic Discipline." *Balkanistic Forum*, Vol. 29, No. 2, 2020, pp. 58—64.

Stöckmann, Jan. "The First World War and the Democratic Control of Foreign Policy." *Past & Present*, Vol. 249, No. 1, 2020, pp. 121—146.

Strauss, Julia C. *Strong Institutions in Weak Polities: State Building in Republican China, 1927—1940*. Oxford: Clarendon Press, 1998.

Stuart Murray et al. eds. "The Present and Future of Diplomacy and Diplomatic Studies." *International Studies Review*, Vol. 13, No. 4, 2011, pp. 709—728.

Svarverud, Rune. *International Law as World Order in Late Imperial China*. Leiden: Brill, 2007.

Taylor, Philip M. *The Projection of Britain: British Overseas Publicity and Propaganda, 1919—1939*. Cambridge: Cambridge University Press, 1981.

Tremml-Werner, Birgit and Dorothée Goetze. "A Multitude of Actors in Early Modern Diplomacy." *Journal of Early Modern History*, Vol. 23, No. 5, 2019, pp. 407—422.

Van de Ven, Hans. *Breaking with the Past: The Maritime Customs Service and the Global Origins of Modernity in China*. New York: Columbia University Press, 2014.

Van de Ven, Hans. *China at War: Triumph and Tragedy in the Emergence of the New China*. Cambridge, Mass.: Harvard University Press, 2018.

Van de Ven, Hans. *War and Nationalism in China: 1925—1945*. New York: Routledge Curzon, 2003.

Wang, Gungwu. *China and the Chinese Overseas*. Singapore: Times Academic Press, 1991.

Wang, Zheng. *Never Forget National Humiliation: Historical Memory in Chinese Politics and Foreign Relations*. New York: Columbia University Press, 2012.

Wei, Shuge. *News Under Fire: China's Propaganda against Japan in the English-Language Press, 1928—1941*. Hong Kong: Hong Kong University Press, 2017.

Westad, Odd Arne. *Restless Empire: China and the World since 1750*. London: Bodley Head, 2012.

Wiseman, Geoffrey. "Bringing Diplomacy Back In: Time for Theory to Catch Up with Practice." *International Studies Review*, Vol. 13, No.4, 2011, pp. 710—713.

Xie, Kankan. "Ambivalent Fatherland: The Chinese National Salvation Movement in Malaya and Java, 1937—1941." *Journal of Southeast Asian Studies*, Vol. 52, No. 4, 2021, pp. 677—700.

Xu, Guoqi. "The Age of Innocence: The First World War and China's Quest for National Identity." PhD dissertation. Harvard University, 1999.

Yeh, Wen-Hsin. *The Alienated Academy: Culture and Politics in Republican China, 1919—1937*. Boston: Harvard University Asia Center, 1990.

Zarrow, Peter. *Educating China: Knowledge, Society, and Textbooks in a Modernizing World, 1902—1937*. Cambridge: Cambridge University Press, 2015.

Zheng, Youkui. *Foreign Trade and Industrial Development of China: An Historical and Integrated Analysis through 1948*. Washington: University Press of Washington, D.C., 1956.

## 二、中文文献

### （一）一手资料

［土］阿皮沙剌：《土耳其恢复国权之经过》，外交部译印，出版年不详。

白眉初：《最新中华建设新图》，北平：世界日报馆 1935 年版。

鲍明钤：《在华外侨之地位》，檀香山：中国太平洋国际学会 1932 年版。

《保护侨民及邮局之布告》，《大浙江报》1927 年 1 月 3 日，第 4 版。

《北平外交研究会刊行外交月报》，《西北文化日报》1932 年 10 月 16 日，第 3 版。

《本省各界昨欢宴缅甸记者访华团，新闻界招待游览西山并在华亭寺举行公宴》，《中央日报》（昆明）1940 年 12 月 26 日，第 4 版。

蔡郕：《清代史论》第 4 卷，上海：会文书局 1915 年版。

蔡东藩：《清史通俗演义》第2册，上海：会文堂书局1925年版。

曹廷杰：《东北边防辑要》，沈阳：辽海书社1935年版。

曹玉麐：《本国地理》下册，上海：商务印书馆1940年版。

陈伯达：《评〈中国之命运〉》，《解放日报》1943年7月21日，第1版。

程湘帆：《公民教育之宗旨与目标》，《新教育》1922年第3期。

陈觉：《九一八后国难痛史资料》，北京：东北问题研究会1933年版。

陈铭枢：《巩固统一抗战到底》，汉口：祖国书店1938年版。

陈汝舟编：《美国华侨年鉴》，纽约：中国国民外交协会驻美发行处1946年版。

陈耀东：《国民外交常识》，上海：新月书店1930年版。

《陈耀东在法广播演说吁请世界共制暴日，英援华会来电声援我国抗战》，《西京日报》1938年10月27日，第1版。

陈耀章：《华侨报纸在战时应努力的几点》，《华侨动员》1938年第13期，第11—12页。

程其宝：《社会学科之教材与教学法》，上海：商务印书馆1937年版。

程中行：《土耳其革命史》，上海：民智书局1928年版。

《从日内瓦之外交战说到热河之武力战》，《长沙民报》1933年第10期，第1—3页。

戴杰等：《新法国语教授书》第4册，上海：商务印书馆1921年版。

刁敏谦：《中国国际条约义务论》，上海：商务印书馆1927年版。

东北问题研究会：《国难须知》，北京：东北问题研究会1932年版。

董文：《社会课本》第7册，上海：世界书局1934年版。

董文、朱翊新：《新主义常识课本》第8册，上海：世界书局1932年版。

《儿童手册》，上海：商务印书馆，出版年不详。

《发刊词》，《外交月报》1932年第1卷第1期。

凤凰：《中日之外交战》，《礼拜六》1932年第480期。

冯顺伯、金崇如、王仲和：《初中公民学教本》第2册，常州：新群印刷公司1926年版。

符聿：《日内瓦的中日外交战》，《平明杂志》1932年第1卷第14期。

高希圣、郭真：《政治法律大词典》，上海：科学研究社1935年版。

高阳、陶汇曾：《新撰初级中学教科书公民》第1册，上海：商务印书馆1926年版。

龚弘：《意大利抗战建国小史》，重庆：独立出版社1941年版。

顾树森、潘文安：《新著公民须知（道德编）》，上海：商务印书馆1923年版。

顾树森、潘文安：《新著公民须知（法制编）》，上海：商务印书馆1923年版。

顾树森：《德国职业指导实施法》，上海：中华书局1926年版。

顾维钧：《外人在华之地位》，南京：外交部图书处1925年版。

《关于意阿战争之外交战》，《世界军情画报》1936年第2期，第10页。

郭威白等：《抗战与华侨》，重庆：独立出版社1939年版。

国际反侵略运动中国分会：《二年来之国际反侵略运动中国分会》，重庆：新蜀报社1940年版。

《国际律师协会举行年会，我代表有所演述，主席亚培尔宣称在中国之领判权应撤销》，《察省国民新报》1936年10月9日，第2版。

《国际条约之成立》，《河北日报》1939年7月11日，第7版。

《国际宣传工作提纲》，《西北文化日报》1938年2月12日，第2版。

国立编译馆：《初级中学公民》第1册，上海：大中国图书局、新亚书店、广益书局、北新书局、中联印刷公司1948年版。

国立编译馆：《初级中学公民》，上海：世界书局1947年版。

国立编译馆：《高级小学公民课本》第3册，上海：商务印书馆1948年版。

国立浙江大学编：《三民主义教学的方法》第6册，杭州：国立浙江大学1929年版。

《国民对于外交运动之一致》，《晨报》（北京）1921年12月17日，第2版。

《国民日报社》社论：《五十年外交奋斗之光荣》，1943年1月20日。

《国民外交常识》广告，《新月》，第1卷第20号，1929年2月。

国民外交丛书社：《近代中日关系略史》，上海：中华书局1925年版。

国民外交丛书社：《中俄关系略史》，上海：中华书局1926年版。

国民外交丛书社：《中国交通与外国侵略》，上海：中华书局1928年版。

《国民外交运动应取的步骤》，《东南日报》1921年12月20日，第4版。

《国民外交运动之踊跃》，《晨报》（北京）1921年12月25日，第2版。

《国民政府现行法规》第5类，上海：商务印书馆1930年版。

《国民之外交常识论》，《民立报》1911年8月10日。

《国难教育实施法与指导》，上海：生活书店1937年版。

《国内外之国民外交运动》，《晨报》（北京）1921年12月30日，第2版。

何思瀚等：《新生活教科书小学校高级教师用社会教学做法》第3册，上海：大东书局1934年版。

何秋涛：《朔方备乘》，清光绪七年刻本。

《荷印华侨年鉴》，出版信息不详。

洪钧培：《国民政府外交史》，上海：华通书局1930年版。

洪懋熙：《最新世界形势一览图》，上海：东方舆地学社1931年版。

华东基督教教育会:《中学图书馆最低限度书目》,上海:华东基督教教育会 1931 年版。

胡石明:《近代弱小民族被压迫史及独立运动史》,上海:大东书局 1929 年版。

湖北民政厅:《湖北民政刊要》,武汉:湖北民政厅 1932 年版。

黄警顽:《华侨对祖国的贡献》,上海:棠棣出版社 1940 年版。

黄孝先:《帝国主义侵略中国史》,上海:商务印书馆 1930 年版。

《绘图官话国耻演说》,出版信息不详。

计志中、卫楚材:《新学制常识教授书》第 8 册,上海:商务印书馆 1925 年版。

贾桢等编:《筹办夷务始末(咸丰朝)》第 4 册,北京:中华书局 1979 年。

贾桢等编:《筹办夷务始末(同治朝)》,北京:中华书局 2008 年版。

江苏省立上海中学校教务处编:《社会学科学程纲要》,上海:江苏省立上海中学校教务处 1929 年版。

蒋恭晟:《国耻史》,上海:中华书局 1932 年版。

蒋建白:《复兴初级中学教科书公民教员准备书》第 1 册,上海:商务印书馆 1935 年版。

蒋廷黻:《最近三百年东北外患史》,《清华学报》(单行本)1932 年 12 月。

教育部民众读物编审委员会:《抗战中的华侨动员》,南京:正中书局 1938 年版。

教育部社会教育司编:《全民抗战》,南京:正中书局 1938 年版。

教育部社会教育司编:《民众读物各项重要法令——附民众读物书目》,1939 年。

教育部社会教育司编:《教育播音讲演集——民众教育篇》第 2 辑上册,上海:商务印书馆 1940 年版。

教育部社会司编:《各省市实施失学民众补习教育计划汇编》，1937年。

金平欧:《对日决争之认识与策动》，南京：南京拔提书店1933年版。

《津市杜副市长昨播讲告谕市民恪守法纪保护侨民》，《战干日报》1945年10月17日，第4版。

金仲华:《我们的外交路线没有走错》，《光明的前途》，潘梓年等，西安：战时出版社，出版年不详。

《京外国民外交运动愈形踊跃》，《晨报》（北京）1921年12月29日，第2版。

井花:《尼布楚条约》，《小朋友》1928年第320期。

考试院参事处编:《考铨法规集》第1辑，南京：考试院秘书处1947年版。

考试院秘书处:《考试院公报》第3期，南京：考试院秘书处编印1931年版。

孔祥熙等:《抗战与外交》，重庆：独立出版社1939年版。

黎锦晖:《小朋友创始时的经过》，《小朋友》1931年第482期。

李大钊:《联治政府与世界组织》，《新潮》1919年第2期。

李季谷:《李氏初中外国史》，上海：世界书局1934年版。

李圣五:《国际间几件保侨名案》，《东方杂志》第33卷第19号，第5—15页。

李西侯:《小学自修升学指南》第2册，上海：南华书局1934年版。

李作华:《世界弱小民族问题》，上海：太平洋书店1929年版。

立法院编译处:《中华民国法规汇编》第5编，上海：中华书局1934年版。

梁启超:《国际同盟与中国》，《国民公报》1918年12月8日，第2版。

梁启超：《外交失败之原因及今后国民之觉悟（一续）》，《国民公报》1919 年 7 月 7 日，第 2 版。

林众可：《外交战凯旋者：郭泰祺》，《天文台》第 454 期第 2 版，1941 年 4 月 14 日。

廖德珍：《外交学概论》，上海：大东书局 1930 年版。

林泉编：《抗战期间废除不平等条约史料》，台北：正中书局 1983 年版。

林万燕：《土耳其最近之外交政策》，南京：正中书局 1937 年版。

林云谷：《动员华侨问题》，重庆：中山文化教育馆 1938 年版。

林中川：《暹罗废除不平等条约的经过》，载《暹京国民日报五周年纪念刊》，上海：民国日报社 1933 年版。

刘达人：《外交科学概论》，上海：中华书局 1941 年版。

刘为章：《现代国防常识》，重庆：青年出版社 1942 年版。

刘锡蕃：《小朋友升学指导》，上海：大方书局 1947 年版。

刘震世：《中日外交战线的开展》，《国防论坛》1936 年第 5 卷第 12 期。

《留学生之外交声援》，《晨报》（北京）1919 年 2 月 17 日，第 3 版。

《论中学当增设外交一科》，《外交报》1907 年第 180 期。

柳克述：《土耳其革命史》，上海：商务印书馆 1929 年版。

柳克述：《新土耳其》，上海：商务印书馆 1927 年版。

鲁亦英编：《国际反侵略运动与中国抗战前途》，上海：中外编译社 1938 年版。

［日］陆奥宗光：《日本侵略中国外交秘史》，龚德柏译，上海：商务印书馆 1933 年版。

陆光宇：《新撰初级中学教科书本国史》，上海：商务印书馆 1928 年版。

陆绍昌、刘传厚：《新中华公民课本》第 5 册，上海：新国民图书舍 1931 年版。

罗承烈编：《新民报社论第一集》，南京：南京新民报社发行部 1936 年版。

罗家伦：《我对于中国在华盛顿会议之观察》，载《华盛顿会议》，北京：晨报社 1922 年版，第 47—115 页。

《缅甸访华团昨飞抵渝，各界今日开欢迎大会》，《东南日报》1939 年 12 月 13 日，第 2 版。

《缅甸记者访华团离渝飞滇返缅，发表〈告别中国友人书〉》，《扫荡报》(桂林)1941 年 1 月 15 日，第 2 版。

《缅访问团将来渝，各界筹备热烈欢迎》，《时事新报》1939 年 12 月 7 日，第 3 版。

南京女子中学实验小学：《小学公民训练实施方案》，上海：中华书局 1933 年版。

《内务部开会讨论保护侨民办法》，《庸报》1927 年 9 月 19 日，第 5 版。

《尼布楚条约纪念祭》，《大同报》1939 年 9 月 29 日，第 10 版。

[英] 尼科尔森：《外交学》，郭节述译，上海：商务印书馆 1943 年版。

宁协万：《现行国际法》，上海：商务印书馆 1927 年版。

宁协万：《现行平时国际法》，北京：聚魁堂 1936 年版。

潘公弼：《时事新报评论集(一九三一)》，上海：四社出版部 1934 年版。

潘文安：《职工补习教育之利益》，《东方时报》1926 年 11 月 19 日，第 10 版。

潘文安：《青年职业指导》，上海：大东书局 1929 年版。

潘文安：《职业教育 ABC》，上海：世界书局 1929 年版。

千家驹等：《实用国民年鉴》，桂林：文化供应社 1941 年版。

《欧美留学生对于外交之决议》，《晨报》(北京)1919 年 5 月 5 日，第 3 版。

钱安毅：《初中公民》第 2 册，南京：正中书局 1935 年版。

钱安毅：《高中公民》，贵阳：文通书局 1942 年版。

钱基博：《国民外交常识》，上海：商务印书馆 1920 年版。

钱俊瑞等：《救亡手册》，上海：生活书店 1938 年版。

钱恂：《中俄界约斠注》，武昌：质学会刻本 1897 年版。

钱亦石：《英意的外交战》，《生活星期刊》第 1 卷第 25 期，1936 年，第 9 页。

钱亦石：《中国外交史》，上海：生活书店 1938 年版。

《侨胞教育》，南京：行政院新闻局 1947 年版。

《全民抗战的使命》，《全民抗战》第一号，1938 年 7 月 7 日。

邱祖铭：《中外订约失权论》，上海：商务印书馆 1927 年版。

任启珊：《中国外交史纲要》，上海：中华书局 1934 年版。

《日人殴辱俄外交官》，《捷报》（成都）1937 年 9 月 22 日，第 1 版。

商务印书馆编译所：《中华民国法令大全补编》，上海：商务印书馆 1917 年版。

上海申报社：《国联调查团报告书》，上海：上海申报社 1932 年版。

邵力子等：《国际援华运动》，重庆：独立出版社，出版年不详。

邵玉：《民众地理课本教学法》，上海：世界书局 1930 年版。

生活书店编译所编：《人物评述》，上海：生活书店 1937 年版。

《圣祖仁皇帝实录》，卷 143。

盛沛东：《平时国际公法》，上海：大东书局 1932 年版。

施绍长：《中俄国际约注》，上海：商务印书馆 1905 年版。

《时事新报社》社论：《国府命令与领袖文告》，1943 年 1 月 13 日。

《世界名人特写续编》，陶菊隐编译，上海：中华书局 1941 年版。

《世界一周：英德外交战》，《统一评论》第 3 卷第 10 期，1937 年，第 1—2 页。

舒新城：《新中学教科书初级公民课本》第 3 册，上海：中华书局 1924 年版。

舒新城:《新中学教科书初级公民课本》第3册，上海：中华书局1929年版。

舒新城编:《中国近代教育史资料》(中册)，北京：人民教育出版社1981年版。

［美］司克脱编:《两次海牙国际和平会盟约全书》，钱宝源译，上海：商务印书馆1921年版。

宋善良:《外交指南》，上海：商务印书馆1936年版。

宋子俊:《高小社会科地理编教学法》第2册、第4册，上海：世界书局1934年版。

《苏州日侨迁回，当局声明保护侨民》,《晨报》(北京)1927年7月3日，第7版。

孙科:《中国与战后世界》，上海：商务印书馆1946年版。

孙祖基:《不平等条约讨论大纲》，上海：青年协会书局1925年版。

孙祖基:《公民纲要》，上海：青年协会书报部1926年版。

汤存德:《新制中华高等小学历史教授书》第6册，上海：中华书局1913年版。

唐卢锋、戴渭清:《前期小学社会课本教学法》第8册，上海：世界书局1928年版。

《唐山市民之国民外交运动》,《晨报》(北京)1921年12月26日，第2版。

屠景山:《破产法原论》，上海：大东书局1929年版。

屠景山:《英国宪政论》，上海：世界书局1929年版。

屠景山:《中国的出路》，出版者不详，1930年版。

屠景山:《民法债编原论》，上海：大东书局1931年版。

屠景山:《亲属法原论》，上海：世界书局1931年版。

《外部之保护侨民》,《黄报》1921年12月31日，第6版。

外交部、教育部编:《国民对外交际常识》，上海：中国文化服务社1945年版。

《外交官员乘车待遇》,《南京日报》1935年10月7日，第2版。

外交评论社主编:《外交之基本知识》, 南京：正中书局1936年版。

《外交胜利全恃自己力量》,《梧州民国日报》1932年11月23日，第2版。

《外交失败之感想》,《益世报》1919年5月17日，第6版。

外交学会:《外交大辞典》, 上海：中华书局1937年版。

万仲文:《中国外交之史的分析》, 南宁：广西建设研究会1940年版。

王华隆:《东北地理总论》, 北京：最新地理学社1933年版。

王基朝:《抗战新形势下的侨胞任务》,《华侨动员》1938年第13期，第5—8页。

王剑星:《初小常识教学法》第8册，上海：世界书局1934年版。

王礼锡:《在国际援华阵线上》, 上海：生活书店1939年版。

王铭玉等:《初小社会教学法》第8册，上海：世界书局1934年版。

王铭玉等:《初小社会教学法》第7册，上海：世界书局1934年版。

王铁崖:《中外旧约章汇编》第1册，北京：生活·读书·新知三联书店出版社1957年版。

王新命、汪长济编:《现代读书的方法》, 上海：现代编译社1935年版。

王一鸣:《世界弱小民族的解放运动》, 香港：青年协会书局1939年版。

王益厓、周立三:《初中本国地理》第4册，南京：正中书局1935年版。

王友直:《国际现势》, 中央军校特别训练班政训科1936年版。

王仲和、金崇如、冯顺伯:《初中公民学教本》第2编，南京：江苏省立第一中学校1924年版。

王仲和、金崇如、冯顺伯：《初中公民学教本》第2册，南京：江苏省立第一中学校1926年版。

王子坚编：《各科学习研究法》，上海：经纬书局1936年版。

王子坚编：《现代百科文选》，上海：经纬书局，出版年不详。

魏寿镛等：《新法国文教授书》第5册，上海：商务印书馆1922年版。

闻吉甫等：《新中华公民课本教授书》第5册，上海：新国民图书舍1930年版。

吴君如：《近世中国外交史》，上海：神州国光社1933年版。

吴克刚：《现代捷克斯拉夫政治》，上海：商务印书馆1937年版。

吴铁城：《国民外交之意义与任务》，《中央日报》1942年6月28日，第4版。

吴研因：《教育通论：新学制小学课程纲要（吴研因先生在上海中华暑期学校演讲）》，何伟如记，《中华基督教育》1923年第2期。

吴研因：《新法历史教授书》第4册，上海：商务印书馆1921年版。

《五千人热烈欢迎缅甸访华团抵渝》，《时事新报》1939年12月13日，第3版。

《侮辱苏俄外交官》，《新民报》（南京）1937年9月22日，第2版。

西清：《黑龙江外记》，上海：商务印书馆1936年版。

夏天：《中国外交史及外交问题》，上海：光华书局1932年版。

《现行平时国际法》，北平华北大学讲义1936年版。

萧一山：《清代通史（二）》，北京：中华印刷局1923年版。

谢彬：《中国丧地史》，上海：中华书局1927年版。

谢彬：《中国丧地史》，上海：中华书局1936年版。

谢扶雅：《国际问题》，上海：青年协会书局1926年版。

《新学制课程标准纲要：新学制课程标准纲要之缘起》，《河南教育公报》1923年第15—17期合刊，第1—3页。

徐国桢:《近百年外交失败史》,上海:世界书局 1930 年版。

徐凌云:《近世西洋外交史》,南京:正中书局 1937 年版。

徐逸樵:《徐氏初中公民》第 3 册,上海:世界书局 1934 年版。

徐映川:《复兴历史教科书》高小第 4 册,上海:商务印书馆 1933 年版。

薛典曾:《保护侨民论》,上海:商务印书馆 1937 年版。

严衍钧:《全面抗战与国民外交》,南京:中山文化教育馆 1938 年版。

杨熙时:《现代外交学》,上海:民智书局 1931 年版。

杨振先:《外交学原理》,上海:商务印书馆 1936 年版。

姚希明:《领事裁判权的撤废问题》,广州:中国国民党广东省宣传部印行 1930 年版。

叶楚伧、陈立夫主编:《初中公民》第 2 册,南京:正中书局 1935 年版。

《一周简评:日俄的外交战》,《上海党声》第 1 卷第 16 期,1935 年,第 3 页。

佚名:《平定罗刹方略》(光绪潘氏刻功顺堂丛书本)。

印维廉:《亚洲民族反帝运动史》,上海:华通书局 1934 年版。

俞汝朋:《战时公民常识》,汉口:教育部播音教育委员会 1938 年版。

袁昂等:《新生活教科书社会教学做法》第 8 册,上海:大东书局 1933 年版。

袁道丰:《战后各国外交政策》,上海:商务印书馆 1934 年版。

袁公为:《中等学校公民科教材及其教学法》,上海:商务印书馆 1946 年版。

曾扩情:《战时之国民外交运动》,《西北日报》1941 年 5 月 15 日,第 3 版。

曾虚白:《我们国民外交第一步的胜利》,《国难》,出版时间未知,第 76—79 页。

张弼：《现代外交的基本知识》，上海：生活书店 1937 年版。

张弼、吴清友：《亚洲弱小民族剪影》，上海：生活书店 1937 年版。

张静：《国民外交与学术研究：中国太平洋国际学会的基本活动及其工作重心的转移（1925—1933）》，《社会科学研究》2006 年第 4 期，第 144—153 页。

张九如：《群众心理与群众领导》，上海：商务印书馆 1934 年版。

张闵仁：《国际反侵略运动大会简史》，汉口：国际反侵略运动大会中国分会 1939 年版。

张其昀：《新学制人生地理教科书》（初级中学用）中册，上海：商务印书馆 1926 年版。

张韶舞：《中国革命史》，南京：中央陆军军官学校政治训练处 1931 年版。

张肇融：《弱小民族与国际》，南京：正中书局 1936 年版。

张振中等：《课前研究指导案》，北京：北师附小编辑部 1926 年版。

章进主编：《中国外交年鉴（民国二十三年一月至十二月）》下编，上海：世界书局 1935 年版。

赵传家：《中学图书馆最低限度书目》，上海：华东基督教教育会 1932 年版。

赵复、胡忠瑞：《复兴公民教科书》第 4 册，上海：商务印书馆 1933 年版。

赵复、胡钟瑞：《复兴公民教学法》，上海：商务印书馆 1934 年版。

赵景源、魏志澄：《复兴公民教科书》第 1 册、第 2 册，上海：商务印书馆 1934 年版。

赵骧等：《新教育教科书国文教案》第 6 册，上海：中华书局 1922 年版。

赵宗预：《小学校的公民教育》，出版地不详，新时代教育出版社 1928 年版。

《政府将公布保护侨民条理，侨胞可回国投资矣》，《东方时报》1925年11月6日，第4版。

《政府向使团声明不得已用兵并愿负保护侨民全责》，《晨报》（北京）1924年9月21日，第3版。

《中共关于庆祝中美中英间废除不平等条约的决定》，《解放日报》1943年1月29日，第1版。

中共中央文献研究室、中央档案馆编：《建党以来重要文献选编（一九二一——一九四九）》第1册，北京：中央文献出版社2011年版。

中国第二历史档案馆：《中缅文化协会大事记（1939.12—1942.3）》，《民国档案》2009年第4期，第55—57页。

中国第二历史档案馆：《中缅文化协会等为筹组中国访缅团访缅事宜相关函件一组》，《民国档案》2010年第1期，第15—28页。

中国第二历史档案馆编：《中国国民党中央执行委员会常务委员会会议录》第10册，桂林：广西师范大学出版社2000年版。

中国第二历史档案馆编：《中华民国史档案资料汇编》第5辑第1编，南京：江苏古籍出版社1994年版。

《中国国民党第二次全国代表大会宣言及决议案》，中央执行委员会印行，1926年2月。

《中国国民党为出师北伐宣言》，《中国国民党国民革命军第七军特别党部月刊》1926年第5期，第37—40页。

《中国教育之新生命：潘文安在全国教育会议讲演》，《世界日报》1928年6月7日，第6版。

《中国近百年外交史纲》，出版社不详，1935年版。

《中华书局图书目录》，上海：中华书局1931年版。

《中华书局图书目录》，上海：中华书局1933年版。

《中华书局图书目录》，上海：中华书局1939年版。

《中央日报社》社论：《平等自由的光明灯塔》，1943年2月13日。

《中央政治学校校刊》，1935年第87期，1937年第123期，1944

年第 239 期。

周鲠生：《新学制课程标准纲要：初级中学公民学课程纲要》，《河南教育公报》1923 年第 15—17 期，第 1—6 页。

周鲠生：《近代欧洲外交史》，上海：商务印书馆 1927 年版。

周鲠生：《不平等条约十讲》，上海：太平洋书店 1928 年版。

周鲠生：《革命的外交》，上海：太平洋书店 1929 年版。

周鲠生：《国际公法之新发展》，上海：商务印书馆 1934 年版。

周鲠生：《国际法大纲》，上海：商务印书馆 1937 年版。

周世勋：《新式国文教科书》，上海：中华书局 1920 年版。

周之淦、杨中明、卢殿仪：《公民学课程大纲》（上编），上海：商务印书馆 1923 年版。

周之淦、杨中明、卢殿仪：《公民学课程大纲》（下编），上海：商务印书馆 1923 年版。

朱采真：《国际法 ABC》，上海：世界书局 1929 年版。

朱经农：《讲演录：新学制课程（附表）》，《新教育》1923 年第 2—3 期，第 413—426 页。

朱文叔：《新小学教科书公民》第 4 册，上海：中华书局 1923 年版。

朱元懋：《建国教科书初中公民教学参考书》，南京：正中书局 1937 年版。

庄适：《新法国语教科书》第 8 册，上海：商务印书馆 1921 年版。

宗亮寰、吕金錄、赵景源：《复兴公民教科书》第 3 册，上海：商务印书馆 1937 年版。

邹代钧：《中俄界记》（曾寅校订本），武昌：武昌亚新地学社 1911 年版。

邹韬奋：《读者信箱外集》第 1 辑，上海：生活周刊社 1930 年版。

《最近的世界外交战》，《新东方杂志》第 8 卷第 2 期，1943 年，第 31—32 页。

## （二）其他中文文献

［英］彼得·伯克：《知识社会史：从〈百科全书〉到维基百科》（下卷），汪一帆、赵博囡译，杭州：浙江大学出版社 2016 年版。

毕苑：《从〈修身〉到〈公民〉：近代教科书中的国民塑形》，《教育学报》2005 年第 1 期，第 90—95 页。

毕苑：《近代公民教育的兴起及转向——以公民教科书为中心》，载中国社会科学院近代史研究所编：《中国社会科学院近代史研究所青年学术论坛》（2010 年卷），北京：社会科学文献出版社 2011 年版，第 299—320 页。

潮龙起、吴俊青：《社会动员视阈下的民族主义话语与抗战时期华侨祖国认同的构建》，《华侨华人历史研究》2020 年第 4 期，第 68—77 页。

陈华：《中国公民教育的诞生——课程史的研究》，博士学位论文，华东师范大学 2012 年。

陈廷湘：《中国近代民族主义与世界主义的对抗与共存》，《社会科学战线》2021 年第 1 期，第 122—139 页。

陈迎春：《抗战时期的中国外交学研究》，《国际关系学院学报》2011 年第 2 期，第 18—24 页。

［日］川岛真：《中国近代外交的形成》，田建华译，北京：北京大学出版社 2012 年版。

高飞：《我国外交学研究的现状和主要问题》，《国际论坛》2007 年第 1 期，第 32—36 页。

［英］戈尔-布思主编：《萨道义外交实践指南》（第五版），杨立义等译，上海：上海译文出版社 1984 年版。

［法］古斯塔夫·勒庞：《乌合之众：大众心理研究》，冯克利译，北京：中央编译出版社 2005 年版。

郭卫东：《不平等条约与近代中国》，北京：高等教育出版社 1993 年版。

［英］哈罗德·尼科松：《外交学》，眺伟译，北京：世界知识出版社 1957 年版。

赫佳妮：《外交胜败之争：中国近代“不平等条约”叙事中的〈尼布楚条约〉》，《国际政治研究》2022 年第 1 期，第 138—160 页。

赫佳妮：《战争、革命与中国现代外交叙事的形成——基于 20 世纪 30 年代外交知识类图书的考察》，《外交评论》2023 年第 2 期，第 76—103 页。

侯中军：《近代中国的不平等条约：关于评判标准的讨论》，上海：上海书店出版社 2012 年版。

黄小坚、赵红英、丛月芬：《海外侨胞与抗日战争》，北京：北京出版社 1995 年版。

李恩涵：《北伐前后的“革命外交”：1925—1931》，台北：“中研院”近代史研究所 1993 年版。

［美］李怀印：《重构近代中国：中国历史写作中的想象与真实》，岁有生、王传奇译，北京：中华书局 2013 年版。

李育民：《近代中国的条约制度》，长沙：湖南师范大学出版社 1995 年版。

李育民：《晚清“人臣无外交”的异变及其趋向》，《史学月刊》2019 年第 7 期，第 60—67 页。

李育民：《中国废约史》，北京：中华书局 2005 年版。

林学忠：《从万国公法到公法外交：晚清国际法的传入、诠释与应用》，上海：上海古籍出版社 2019 年版。

刘霞：《中国公民教育的反思与重构——基于百年母语教科书的文本分析》，博士学位论文，南京师范大学，2016 年。

鲁毅等主编：《外交学概论》，北京：世界知识出版社 2004 年版。

［日］陆奥宗光：《蹇蹇录·甲午战争外交秘录》，赵戈非、王宗瑜译，北京：生活·读书·新知三联书店 2018 年版。

陆一爽：《论民国公民教育的起源与变迁》，《苏州大学学报（法学版）》2021 年第 3 期，第 23—31 页。

马建标：《民族主义旗号下的多方政争：华盛顿会议期间的国民外交运动》，《历史研究》2012 年第 5 期，第 109—127 页。

马建标：《权力与媒介：近代中国的政治与传播》，北京：北京师范大学出版社 2018 年版。

桑兵：《世界主义与民族主义——孙中山对新文化派的回应》，《近代史研究》2003 年第 2 期，第 77—99 页。

［美］斯图尔特·默里，《外交学的复兴》，《国际政治研究》2012 年第 4 期，第 23—39 页。

苏州市地方志编纂委员会：《苏州市志》，南京：江苏人民出版社 1995 年版。

唐启华：《清末民初中国对“海牙保和会”之参与（1899—1917）》，《国立政治大学历史学报》2005 年第 23 期，第 45—90 页。

唐启华：《被“废除不平等条约”遮蔽的北洋修约史（1912—1928）》，北京：社会科学文献出版社 2019 年版。

田涛：《国际法输入与晚清中国》，济南：济南出版社 2001 年版。

［法］托克维尔：《论美国的民主》，董果良译，北京：商务印书馆 2017 年版。

［美］王栋：《中国的不平等条约：国耻与民族历史叙述》，王栋、龚志伟译，上海：复旦大学出版社 2018 年版。

王奇生：《留学与救国：抗战时期海外学人群像》，桂林：广西师范大学出版社 1995 年版。

王奇生：《革命与反革命：社会文化视野下的民国政治》，北京：社会科学文献出版社 2010 年版。

魏宏运：《抗战时期的华侨捐输与救亡运动》，《近代史研究》1999 年第 6 期，第 157—182 页。

吴小鸥、姚艳：《民族脊梁：1933 年“复兴教科书”的启蒙坚守》，《华东师范大学学报（教育科学版）》2015 年第 4 期，第 113—118 页。

徐强、刘新生：《舒新城日记选录（一）》，《中国出版史研究》2019年第1期，第144—162页。

印少云：《近代史上的“国民外交”》，《甘肃社会科学》2003年第3期，第132—138页。

印少云：《近代中国国民意识的生成与国民外交》，《学术论坛》2005年第6期，第33—54页。

曾荣：《近代中国的“国民外交”的渊源流变》，北京：人民出版社2021年版。

曾瑞炎：《华侨与抗日战争》，成都：四川大学出版社1988年版。

张晶萍：《民国外交学研究——以中央政治学校外交学系为中心（1930—1949）》，博士论文，中共中央党校2017年。

张清敏：《外交学学科定位、研究对象及近期研究议程》，《国际政治研究》2012年第4期，第3—22页。

张清敏：《外交的本质与崛起大国的战略选择》，《外交评论》2016年第4期，第1—34页。

张仁善：《民国法科教育的奇峰——国立中央大学法学院》，《东南大学学报（哲学社会科学版）》，2022年第5期，第78—90页。

张秀明：《海外华侨与抗日战争研究述评》，《抗日战争研究》2024年第2期，第124—143页。

赵可金：《试论现代外交的民主化趋势》，《世界经济与政治》2008年第1期，第25—34页。

赵思洋：《反思国际关系史的书写——近代中国国际关系研究中的基准时间》，《世界经济与政治》2017年第12期，第131—150页。

赵思洋：《20世纪上半叶中国国际关系学的演进——基于长时段的知识社会学考察》，《国际政治研究》2020年第6期，第9—35页。

周斌：《清末民初“国民外交”一词的形成及其含义述论》，载中国社会科学院近代史研究所编，《中国社会科学院近代史研究所青年学术论坛》（2007年卷），北京：社会科学文献出版社2009年版，第330—351页。

周斌:《清末民初知识分子的国民外交观念述评》，载王智、郭德宏主编:《知识分子与近现代中国社会》，武汉：湖北人民出版社 2009 年版，第 172—192 页。

朱明哲:《西法东渐中的知识自主：以里昂中法大学法学博士培养为例》,《上海交通大学学报（哲学社会科学版）》2021 年第 5 期，第 139—155 页。

左双文等:《民众、公众舆论与国民政府外交研究》，合肥：安徽大学出版社 2011 年版。

左双文等:《折冲之道：以颜惠庆、傅秉常、张忠绂等为中心》，北京：社会科学文献出版社 2021 年版。

**图书在版编目(CIP)数据**

走向大众 ： 近代中国外交知识的传播与重构 / 赫佳妮著. -- 上海 ： 上海人民出版社，2025. -- ISBN 978-7-208-19611-7

Ⅰ. D829

中国国家版本馆 CIP 数据核字第 20250DT532 号

**责任编辑** 史美林
**封面设计** 夏 芳

**走向大众:近代中国外交知识的传播与重构**
赫佳妮 著

**出　　版** 上海人民出版社
(201101　上海市闵行区号景路 159 弄 C 座)
**发　　行** 上海人民出版社发行中心
**印　　刷** 上海商务联西印刷有限公司
**开　　本** 720×1000　1/16
**印　　张** 13.25
**插　　页** 2
**字　　数** 181,000
**版　　次** 2025 年 8 月第 1 版
**印　　次** 2025 年 8 月第 1 次印刷
ISBN 978-7-208-19611-7/D·4540
**定　　价** 68.00 元